大学生思想政治教育系列丛书

沟通　交流　感悟　成长

——辅导员工作每日一句

郭凤臣　纪　晨　王　赫 ◎ 著

中国纺织出版社有限公司

内 容 提 要

　　本书是作者提出的辅导员育人立体化载体路径上的具体成果。全书选取了作者一年来与学生利用微信，以"每日一句"的形式，进行的大学生思想教育工作。辅导员每日发出一条信息，感兴趣的学生就在辅导员的后面跟帖，这样形成了一种思想的共鸣和正能量的传递，从而达到激励和教育大学生的目的。这一做法是通过网络进行思政教育的具体体现。

　　本书可作为辅导员培训教材使用，也可供各高校师生阅读借鉴。

图书在版编目（CIP）数据

　　沟通　交流　感悟　成长：辅导员工作每日一句/
郭凤臣，纪晨，王赫著．--北京：中国纺织出版社有限
公司，2024.11. --（大学生思想政治教育系列丛书）.
ISBN 978-7-5229-2194-5

　　Ⅰ. G641

　　中国国家版本馆 CIP 数据核字第 2024FQ4926 号

责任编辑：苗　苗　　责任校对：寇晨晨　　责任印制：王艳丽

中国纺织出版社有限公司出版发行
地址：北京市朝阳区百子湾东里 A407 号楼　邮政编码：100124
销售电话：010—67004422　传真：010—87155801
http://www.c-textilep.com
中国纺织出版社天猫旗舰店
官方微博 http://weibo.com/2119887771
三河市宏盛印务有限公司印刷　各地新华书店经销
2024 年 11 月第 1 版第 1 次印刷
开本：787×1092　1/16　印张：12.75
字数：245 千字　定价：88.00 元

序

在日常教育工作中，辅导员采取小说、电影（微电影）、戏剧、微信公众号、App 端手机数据库后台、辅导员网站、大学生生活导报、辅导员周记、辅导员随笔等多种形式对社会主义核心价值观进行诠释等。其特点是形式多样化，有声音、文字、视频、图片、戏剧等；储存信息量大；与德育课程紧密衔接；栏目形式多样，喜闻乐见；师生能够互动，学生愿意接受这种方式；栏目设置灵活；传播迅速，收视阅读率高。

大学生思想政治系列丛书是辅导员育人立体化载体路径的具体成果。在符合教育环境大背景的前提下，在辅导员工作内容的范畴之内，本系列著作内容丰富，形式新颖，切合实际，可操作性强，体现了与时俱进意识和科学发展观的思想，是辅导员必备的读物，对辅导员的工作有着深远的意义：

（1）更新高校辅导员德育工作理念：高校辅导员立体化德育力求把简单、枯燥、注重抽象说教的平面化灌输式德育教育方式变得生动、形象、真切，增强德育教育的吸引力、感召力和影响力，提升育人的效果。

（2）丰富高校辅导员德育工作理论：通过对辅导员立体化德育模式进行系统全面的研究，包括在内涵、特征、方法、途径等方面的进一步深化和拓展，是将传统德育向现代德育转化的新开拓，把相对平面化的德育模式向立体化德育模式转变的新思路，使立体化德育模式理论进一步丰富。

（3）完善高校辅导员德育工作途径：高校辅导员立体化德育模式实施途径，形成育人资源整合，促进高校德育教育形成多渠道、全方位、立体化共同作用的综合影响，进一步增强德育教育的实效性。

（4）有利于辅导员提高育人效果：高校辅导员立体化德育模式相较于平面化德育模式来讲更生动、形象、具体、真切。克服了简单、枯燥、抽象说教的弱点，以增强德育的吸引力和德育的实效性。

（5）有利于德育教育资源的整合：高校辅导员立体化德育模式强调全方位、多渠道、系统影响和综合作用。有利于开辟多种教育渠道，进一步发挥家庭、社会、学校和个人的教育影响，充分发挥高校三全育人功能。促进高校德育多渠道、全方位、立体化、系统化完成德育实施过程。

（6）丰富新形势下高校辅导员工作的理论，可为高校辅导员工作的不断创新发展提供一定的理论参考价值和实践支持。结合新形势下高校辅导员工作实践，提出若干具体的且有可操作的"立体化育人"工作模式，可为高校辅导员思想政治工作实践提供参考。

陈景翊

2024 年 7 月于长春

前言

当今社会已经进入了一个新时代，网络信息技术高度发达，教育技术进入了多元化时代。思想政治教育面临着前所未有的挑战。思想政治教育是素质教育的灵魂，是为实现人的全面发展而服务的。高等学校是开展大学生思想政治教育的主阵地，辅导员工作是对大学生进行思想政治教育的主渠道之一。充分发挥辅导员在大学生思想政治教育中的主导作用，构建一种行之有效的"开放式、立体化、全方位"育人模式尤为重要。

随着时代的进步和发展，越来越快的生活节奏也带动 20 多岁的大学生走在快节奏的路上，当代大学生总是有着很强的欲望，想走出校园面向社会，但是社会需要有方向的、充满思想的年轻人，于是大学生苦于寻找方向。

在立体化教育以及大学生思想教育的背景下，我们深切思考、深度融合，采用每日一句的形式，利用多媒体时代思想教育的便捷方式，通过微信群聊的有效媒介，由辅导员每日撰写或采撷一些发人深省的名言佳句、精品段落，呼吁广大大学生深入思考并作出回应。自 2017 年 6 月开始，"每日一句"每一天都准时在微信群聊中同同学们见面，获得了同学们的积极响应以及热切回复。

一年多来，每天的深度思考三分钟没有一天缺席。一年的时间说长也长、说短也短，但是每天都坚持思考的同学和每天对每日一句不屑一顾的同学，自然有着不可忽视的差距。每天动脑三分钟，日积月累，受益无穷。

古今中外，妙语佳句浩如烟海，灿若星辰，一般人没有时间也没有精力去采撷学习，"每日一句"为大学生从中选出经典、常用的妙语佳言，并由辅导员进行分析解释，指点迷津。辅导员的"每天一句"，目的不仅是增加学生的自信心，培养学生的能力，还在于号召同学们每天充满正能量，做一个积极阳光的人。随时随地的消息提示，在学生懒惰的时候，作业没有完成的时候提醒和警示。

快节奏的生活状态下，很多人平时没时间看书积累口才素材，即便看书，也很难持之以恒，而"每日一句"就像一个快乐天使，每天都会如约而至，这种"被动式"的学习，日积月累，积少成多，对于提高口才非常有帮助。"每日一句"里的每一个句子都是精心挑选，本着经典、实用的原则，保证经典和实用；在解释上，以趣味性为指导，能够方便学生记忆和学习。

立体化教育成果下的"每日一句"，让大学生每天都充满正能量，指引他们每一天要做的事情。当懒惰的时候它就像闹钟一样激励他们前行，当迷茫的时候它就像是海上的明灯指引他们前进的方向，当精神抖擞的时候它还会振奋人心，让每一天都更加精彩。

著者

2024 年 7 月于长春

目录

2017 年 6 月
——能力

马云说过这样一句话：一个成功的创业者，三个因素，眼光、胸怀和能力。

能力分为很多种，有创作能力、语言能力、表达能力、表演能力等。但对于学生来说，学习能力是当下最重要的！电视上经常会播放"知识改变命运"的公益广告，通过一个个生动的事例，形象地说明了改变命运最根本的东西就是知识。知识是怎样获取的呢？是靠不断学习积累的。知识就是力量，就是财富，是人类文明的积累。知识是为了拓宽视野，是为了应用和发展。

人类要文明，社会要发展，技术要进步，生活要改善，大计是学习。学习是人类获取知识和生存能力的重要手段，教育是传授和发扬知识的最有效途径。人类和社会文明的进步都需要学习。

每日一句

　　每一个人都要善于总结，大学生更应如此，一天一总结，一周一总结，一月一总结，一学期一总结，一年一总结，总结不足，积累经验，这样的大学生活才更有意义。

辅导员：郭凤臣　日期：2017.6.2

学生感悟

　　善于总结自己的缺点，积累经验，做最好的自己，从身边的小事做起。

——李祎 2017.6.2

每日一句

　　在大学里，要让自己每天都忙碌起来，这样的大学生活才有意义，才有收获。

辅导员：郭凤臣　日期：2017.6.3

学生感悟

　　忙碌，是为了做一个优秀的人，是为了更好地担起自己肩上的责任。忙碌让自己变得更充实！

——王文盛 2017.6.3

学生感悟

　　忙，是一种人生态度。我们来到大学是学知识的，大学是人生中非常重要的一个阶段，是我们学习知识、掌握本领的地方，是我们结交挚友、寻找伴侣的象牙塔，是我们从学生到社会人的一个过渡，更是一个磨炼意志、培养能力的地方。但更重要的是，除了这些，大学是修炼我们正确的人生观、世界观、价值观的地方，是培养积极向上的人生态度的地方。性格决定命运，态度改变一切。

——罗丽秋 2017.6.3

学生感悟

　　生活只有充实才有意思，我们所做的每一件事都有意义，忙碌的人生才叫真正的人生。

——刘玉蝶 2017.6.3

学生感悟

　　大学里有很多空闲时间，用这些空闲时间做一些自己喜欢的事情，做一些对自己有帮助、有意义的事情，不要被"懒"束缚住，那才是真正的大学生活。

——李娜 2017.6.3

学生感悟

大学生不应该除了学习以外无所事事，也要多参加各种活动，锻炼自己各方面的能力，为以后的每一次机会做好充分准备，武装到牙齿！

——谷慧敏 2017.6.3

每日一句

在大学里，要学会利用时间，学会尊重时间，做时间的主人，而不是做时间的奴隶。

辅导员：郭凤臣　日期：2017.6.4

学生感悟

时间是最平凡的，也是最珍贵的。金钱买不到它，地位留不住它。"时间是构成一个人生命的材料。"每个人的生命都是有限的。珍惜有限的生命，创造无限的奇迹。

——倪培瀚 2017.6.4

学生感悟

要合理地安排课余时间，对自己近期内的活动有一个理智的分析。看看自己近期要达到哪些目标，长远目标是什么，自己最迫切需要的是什么，各种活动对自己发展的意义又有多大，等等。然后做出最好的时间安排，并且在执行计划中不断地修正和发展。

——司家艺 2017.6.4

学生感悟

时间就像海绵里的水，只要你想把握，总会有的。

——钟桂东 2017.6.4

学生感悟

昨天唤不回来，明天还不确定，能把握的就只有今天。只有今天的时间是重要的，它是我们唯一有所作为的时间，所以，抓住现在，相信未来。

——李瑞军 2017.6.4

学生感悟

一寸光阴一寸金，我们不要碌碌无为，让时间从指缝间溜走，用大量时间来说而不去做。在大学生活里，珍惜时间，尊重时间，让大学生活更精彩。

——刘磊 2017.6.4

学生感悟

在忙的时候，永远感到时间不够用。但当静下浮躁的心想想，才发现自己把好的空闲时间浪费了。懂得如何应用时间，把握事情主次。

——张紫薇 2017.6.4

每日一句

在大学里，一定要找到自己喜欢干的事情，这件事最好是与你将来的就业相同或相近，这对你的一生都会有好处。

辅导员：郭凤臣　日期：2017.6.5

学生感悟

人生如同一场旅行，每个人都是匆匆的行者。我们上车、前进、下车。接着，我们又回到车上，再乘坐几程。让我们用心去感受沿途的景色，去聆听这个世界的声音，不必在乎目的地，直到我们每个人都抵达幸福的终点，努力做好自己，接受好与不好，锻炼最真实的自己。

——李祎 2017.6.5

学生感悟

带着梦想去做一件自己喜欢的事情，纯粹一点就是为了当初内心的那一份热爱和执着。

——杨寅奇 2017.6.5

学生感悟

多一个技能，多一条出路。

——吴迪 2017.6.5

每日一句

一切事情的成功都不可能是一帆风顺的，记住机会永远留给有准备的人。

辅导员：郭凤臣　日期：2017.6.6

学生感悟

所有事情的发生，都是因为你的决定。生活不可能顺风顺水，你需要勇气去面对一切，醒醒吧，你已经长大了，再也别像个可怜的小孩子一样受到伤害就胆怯。坚强起来吧，至少你还活着。

——谢玥 2017.6.6

学生感悟

机会永远是留给有准备的人的，每天努力一点，每天积累一点，就像那句话，"不积跬步，无以至千里；不积小流，无以成江海"，永远都要明白，量变才会引发质变。当有机会了，你却没有能力，怎能抓住机会？有真正的本事才能担当大任，一切成功都来源于你的不断努力，犹如破茧成蝶，犹如凤凰涅槃重生，积累到一定地步，你便会马到功成！

——陈雪鹏 2017.6.6

每日一句

忘记昨天的不愉快，记住今天的收获，继续明天的奋斗。

辅导员：郭凤臣　日期：2017.6.7

学生感悟

要善于把握关键时间，抓住关键的东西，好好把握，好好珍惜，才能成功。

——林娜 2017.6.7

学生感悟

活在当下。今天的模样，是昨天的果。明天的希望，在于今天是否努力。要把每一天活得有意义。

——王伊健 2017.6.7

学生感悟

忘记昨天的不愉快，记住今天的收获，继续明天的奋斗。昨天的荣辱都是昨天的，今天的我们把昨天的故事给放下，放下高兴或者痛苦，从初而始，认真对待每一天。

——沈岚泽 2017.6.7

每日一句

小溪汇聚成大河，小事组成大事，小事做好了，大事才能做好。

辅导员：郭凤臣　日期：2017.6.8

学生感悟

积少成多。

——李祎 2018.6.8

每日一句

读书能使人静下心来思考，能让一个浮躁的人变得沉稳；读书能让人学会思考，能让人更聪明。

辅导员：郭凤臣　日期：2017.6.10

学生感悟

读书是一件容易让人入迷的事情，当你读进去了你就会发现世界是如此丰富多彩。

畅游在书的海洋里，遨游万里，发散思维，收获自我，丰富自己。

——林沐子 2017.6.10

学生感悟

阅经典之古籍，悟人生之真谛。

——廖顺 2017.6.10

每日一句

上大学不但能学到知识，学到技能，学到解决问题的方法，还能学做人，做一个健全的、有自信心的、尊重别人的、有社会责任感的人。

辅导员：郭凤臣　　日期：2017.6.11

学生感悟

一直听说接触大学就是在接触一个小社会。这个过渡的阶段，我们离开了熟悉的环境，一直在探索新的世界。整个大学一年级带给我的改变，是专业技能和社交能力的提升。尽管时而感觉无力，但回首望去，一直在进步。

——徐洁 2017.6.11

学生感悟

当你在质疑上大学是否真的有用时，不如想一个问题——那些上过大学的人和没上过大学的人是否就真的没有不同？再比如：小学和初中之比，初中和高中之比。我想，你已然得到答案。

——廖顺 2017.6.11

学生感悟

多少年后，想起大学四年时光，希望你能会心一笑地说："我不曾辜负。"

——沈岚泽 2017.6.11

学生感悟

现在的我们，应该珍惜我们现在生活的每一天，而不是荒废、虚度。珍惜每一天。

——徐维婉 2017.6.11

学生感悟

疲惫生活中总要有些温暖梦想。

——买买提·努尔 2017.6.11

学生感悟

年轻就是把想做的都做了，到老的时候，才不会后悔。

——谢玥 2017.6.11

学生感悟

大学就像一个小社会一样，在大学的这一年里我学到了很多为人处世的道理，不像高中时那么口无遮拦。做一个懂事的大学生，因为大学生是文化人的代表。

——杨康杰 2017.6.11

学生感悟

是金子在哪里都会发光，就算你一无是处，但最基本的，我们要学会做人，做一个健全、有自信、自尊、自爱的人。你尊重别人就能得到别人的尊重，这就是你的资本。

——张孝侦 2017.6.11

学生感悟

人可以不继续接受教育，但一定不能停止学习。知识可以从书本中得到，但最重要的是要学会从生活中学习到如何正视生命的意义和寻找自我价值实现的最终目标。

——许镱凡 2017.6.11

学生感悟

读书不是为了文凭之类的东西，是为了成为一个温暖、善良、会思考、有趣、永远对未来生活充满希望的人。

——钟桂东 2017.6.11

每日一句
祖国是一个大家庭，吉林工程技术师范学院是她的一分子；吉林工程技术师范学院是一个大家庭，服装工程学院是她的一分子；服装工程学院是一个大家庭，我们每个人是她的一分子。每个人都有目标，如果大家都实现了目标，那么服装工程学院的目标就实现了。小的目标汇聚成大的目标。你的梦，我的梦，她的梦，汇聚成服装梦，工师梦，中国梦。 　　　　　　　　　　　　　　　辅导员：郭凤臣　日期：2017.6.12

学生感悟

因为信仰的坚固，所以走过的路也变得真实；因为梦想的遥远，所以过程才显得精彩而耐人寻味。

——廖顺 2017.6.12

每日一句
早睡早起，身体好，养成一个一生都受用的好习惯。一个坏习惯的养成很容易，一个好习惯的养成却不容易，但是你坚持 21 天试试。 　　　　　　　　　　　　　　　辅导员：郭凤臣　日期：2017.6.13

学生感悟

做一个积极向上的人。一个人最大的孤独，不是寂寞，而是在滚滚红尘之中迷失了自己的本心。人生一世，浮沉几多，常常会有各种负面能量影响你的内心。对于这些负面能量，我们要做的就是始终保持积极向上的态度，不要被负能量所影响。

——程扬威 2017.6.13

学生感悟

我就是一个非常注重时间观念的人，小学的作息规律是早上 6：30 起床，晚上 9：00 之前睡觉。上了中学，作息时间跟随课业有一些变化，但是到了大学，我又调整回来了。虽然有时候可能因为手机太好玩儿，所以晚上一直在玩儿手机导致睡得晚，但是我的生物钟还是让我早上起来得很早，所以这一天的精神，就可能没有那么的充沛。所以我认为，合理的作息对身体健康和日常工作很有意义，这算是一个好习惯。习惯之所以称为习惯，就是因为在每天不断地重复做，长期一直维持这个规律，最终就成为习惯。好的习惯不容易养成，这也是体现毅力的一方面。

——王彤彤 2017.6.13

学生感悟

保持一颗积极向上的心，去做一个敢于孤独和创新的人。

——廖顺 2017.6.13

每日一句

羊有跪乳之恩，鸦有反哺之情，拥有思维意识的人类就应当知恩、感恩。

辅导员：郭凤臣　　日期：2017.6.14

学生感悟

作为当代大学生，不管做什么都要懂得去回报，去感恩，懂得去报答。有一句古话说："人敬我一尺，要还他一丈。"感恩是人性的基本。

——刘海停 2017.6.14

学生感悟

父母在，不远游，游必有方。

——李道印 2017.6.14

学生感悟

先别说涌泉相报，至少把该担的责任担起来，内心不再愧疚，走起路来也能昂首挺胸。

——廖顺 2017.6.14

每日一句

你敬我一尺，我敬你一丈。尊敬别人是做人的前提，在尊敬的前提下建立和谐的师生关系、同学关系。

辅导员：郭凤臣　日期：2017. 6. 15

学生感悟

我们生活在这世上只是一个生命的个体，唯有尊敬才能使灵魂变得相同。

——廖顺 2017. 6. 15

学生感悟

只有尊敬别人的人，才能受人尊敬，对人不尊敬，首先就是对自己的不尊敬。

——钟桂东 2017. 6. 15

学生感悟

我们都生活在一个大的集体里，所以我们要互相尊重，尊重别人才能让别人尊重自己。所以，我们都应该在生活中成长。现在的大学生都是在被爱的环境中长大的。爱人爱自己。

——郝思听 2017. 6. 15

学生感悟

尊重是最基本的礼貌，我们并不是一味地尊重，我们只愿尊重该尊重的行为，尊重是互相的，愿所有人被温柔以待。

——谢玥 2017. 6. 15

每日一句

一个人成功与否和他身边的人有一定关系，交朋友要交力求上进的，抛开庸俗关系的，这样的朋友在关键时刻能给你支持与帮助。

辅导员：郭凤臣　日期：2017. 6. 17

学生感悟

近朱者赤，近墨者黑。近腐者迂，近贤者才。

——沈岚泽 2017. 6. 17

学生感悟

所谓道不同不相为谋，不是一路人去相处就是在浪费时间。你继续消沉，我可以提醒你，觉醒不觉醒，你自己决定。

——岳粟娅 2017. 6. 17

学生感悟

书籍中蕴藏着千古名人的心得，就如赵恒所说"书中自有颜如玉，书中自有黄金屋"。只要好好领悟，便能懂得人生真谛。

——杨秀宇 2017.6.17

学生感悟

不为合群而堕落，只为合群而上进。

——廖顺 2017.6.17

每日一句

你是一只船，承载我们的欢笑与快乐；你是一棵树，滋养我们的心田和灵感；你是一盏灯，照亮我们的前路与梦想；鬓角的白发，额头的皱纹，大山般的你，留给我们的不应该只是背影……祝所有默默奉献，任劳任怨的父亲，节日快乐！同时也希望学生们要感恩父母。

辅导员：郭凤臣　日期：2017.6.18

学生感悟

父爱和母爱一样伟大。

——李祎 2017.6.18

每日一句

临近期末，大家在任何方面都不要松懈，时间上不要松懈，卫生上不要松懈，学习上不要松懈，安全上不要松懈，一些事情往往就在这个时期出现。

辅导员：郭凤臣　日期：2017.6.19

学生感悟

松懈的时候，你往往会遇上很多麻烦。

——李祎 2017.6.19

每日一句

期末考试，是对学生一学期的一个考核和总结，人生中这样的考核有很多次，每一次的通过都为更高层次的目标做准备，希望大家认真准备。

辅导员：郭凤臣　日期：2017.6.20

学生感悟

要认真准备考验自己的每一个考核。

——谢欣 2017.6.20

每日一句
读大学，究竟读什么？读大师，在这里要和自己崇拜的大师级的人物交流。读书，要到图书馆去，寻找你想要的东西。读思想，大学是思想碰撞的地方，更是思想升华的地方。 　　　　　　　　　　　　　　　　　　辅导员：郭凤臣　日期：2017.6.21

学生感悟

学会寻找自己想要的东西。

——李祎 2017.6.21

每日一句
一个人的涵养来自大度，来自宽容；一个人的修为，是懂得包容，懂得尊重。目中有人，才有路可走；心中有爱，才有事可为。 　　　　　　　　　　　　　　　　　　辅导员：郭凤臣　日期：2017.6.22

学生感悟

做事重要，做人也重要。在工作过程中，人们所理解和看到的，是一个能够埋头苦干、热心帮助同事，有着良好的人际魅力的人，这才是成功之处。

——买买提·努尔 2017.6.22

每日一句
一个人要有大爱，大爱无边，大爱是做事的基础，是一个人的德行。当代大学生要树立爱己、爱家、爱校、爱党、爱国的"五爱"精神。 　　　　　　　　　　　　　　　　　　辅导员：郭凤臣　日期：2017.6.23

学生感悟

坚持学习五爱精神。

——王岩 2017.6.23

每日一句

大学生应在自己的学业上有所规划，应在自己的职业上有所规划，应在自己的人生上有所规划，就像跑一次马拉松一样，每一个供水站，就像规划的中转站一样。

辅导员：郭凤臣　日期：2017.6.24

每日一句

大学里，一年级视为学前班，你对什么都好奇，都想尝试一下；二年级就像小学一样，要养成一系列方法和兴趣；大三就像初中一样，要努力，因为将要面对一个人的人生转折；四年级就向高中一样，你将要面临选择。

辅导员：郭凤臣　日期：2017.6.25

每日一句

通向成功的路没有捷径，只有一条，那就是不断地努力。

辅导员：郭凤臣　日期：2017.6.26

学生感悟

给自己的人生设立一个目标，给自己的未来一个明确的希望，给自己的生活一盏方向灯。让我们向着这个方向努力，不断去超越自己，提高自己的水平，不让自己有懈怠的时候。永远记住，越努力越幸运！

——原婷 2017.6.26

每日一句

当你毕业收获成功时，就会觉得几年的辛苦是值得的，当你毕业看别人收获时，心里一定后悔，"如果我当年怎样怎样"，但是没有如果了，为了不发生这样遗憾的事情，我的学生从现在开始努力吧。

辅导员：郭凤臣　日期：2017.6.27

学生感悟

如果有如果，遗憾的事情就不会发生。

——李祎 2017.6.27

每日一句

当你毕业走上工作岗位时，你就会觉得还是上学好；当你离开校园，你就会觉得还是这里比较清净。所以不要让自己在大学里留下遗憾，不要天天过着在寝室里上网的日子，按照自己的既定目标努力吧。

辅导员：郭凤臣　日期：2017.6.28

学生感悟

朝着自己努力的方向努力。

——谢欣 2017.6.28

每日一句

天亮了，起床了，吃饭了，劳动了，这是老祖宗几千年留下的规矩，这是人类自然选择的结果，所以有很多规律大家不能破坏，如到点吃饭，早睡早起等。

辅导员：郭凤臣　日期：2017.6.29

学生感悟

平时生活中一定要保持良好的作息习惯，并且预留任何事前的提前量和做好准备工作，努力把事情做好。

——刘凡星 2017.6.29

每日一句

任何人做事时，都要考虑到别人，要学会换位思考，因为你是生活在集体中的。

辅导员：郭凤臣　日期：2017.6.30

学生感悟

人是所有社会关系的总和。无法脱离得了圈子，总要学会兼容并包，没有人能一意孤行。

——廖顺 2017.6.30

学生感悟

什么是修养？是让别人感到舒服的处事方式。如何做到有修养？换位思考，己所不欲，勿施于人。为什么要做有修养的人？因为你是一个文明大学生，生活在集体的社会里，举手投足，入人眼底。

——沈岚泽 2017.6.30

学生感悟

行有不得，反求诸己。什么事情做不好的话，那就换个方式去想，换个角度的话就会发现别人怎么想的，知道别人的感受，就应该知道自己到底该怎么做了。

——孙丽媛 2017. 6. 30

2017 年 7 月
——生活与现实

> 现在你的位置并不重要，重要的是你前进和努力的方向。
>
> ——郭凤臣

在这个城市中，很多人成为金钱与物质的奴隶，每天都在为着这些目标追逐与奔走。其实很多人已经筋疲力尽了，他们很想休息，但是应对自己的上司与客户，他们表现得精神饱满，仿佛永远都是随时能够战斗的士兵一样。但这只是自己欺骗自己而已。房子、车子成了很多年轻人生活中的第一压力与目标，总觉得买了房子就代表有了家，总觉得有了车子就代表自己和普通人有了区别。其实有一天，他们会明白，原来房子并不代表家，原来车子并不能代表自己生活有品位。学会放松自己的情绪与神经，别让自己太劳累，否则得不偿失。身体健康、全家平安才是人生最大的幸福。理想和目标不会因为我们适当的放松和休息而不存在。人生是一场马拉松，不是百米赛跑。我们要学会积蓄自己的体力与能量，不能跑得太急，否则可能跑不完全程。只有调整好自己的心态，放松自己的身心，生活中的事情才会变得得心应手。

适当地放慢自己的脚步，去感受一下亲情、爱情和友情，学会去欣赏路边的风景。面对现实，不要让自己像充足了气的气球一样，随时都会胀破，我们要适当放掉气体，让自己变得有弹性。

每日一句

今天是一个特殊的日子，我们作为大学生怎么体现对她（党）的情感？我认为应该从身边的事做起，从小事做起，来体现爱己、爱家、爱校、爱党、爱国。

辅导员：郭凤臣　日期：2017.7.1

学生感悟

热爱所有。

——谢欣 2017.7.1

每日一句

一个人的成功不在于他自身拥有能量的大小，而在于能否坚持到最后。

辅导员：郭凤臣　日期：2017.7.2

学生感悟

坚持是走向成功的动力，坚持是痛苦的，必须付出超常的努力，必将面对诸多困难，但它会给予你意外的收获。生命没有完结，生命只有前进，只有耐心地坚持，才会有风雨后的美丽彩虹。

——刘凯 2017.07.02

学生感悟

功到自然成，成功之前难免有失败，然而只要能克服困难，坚持不懈地努力，那么，成功就在眼前。在我们现在的学习中，一定要学会坚持，只有坚持才能取得成功。所以，坚持就是胜利。坚持是实现一切价值的根基。人生如登山，总是峰峦险阻，山路崎岖，但也有方法能使你一览众山小，那就是：一步一步脚踏实地地攀登，坚持到底。

——邱艺杰 2017.7.2

学生感悟

通过这句话我明白，一个人是否成功，不取决于他的自身条件，而是他是否会持之以恒。没有绝对做不到的事，只有不努力的人，只要坚持，就会越来越靠近成功。

——汪彩凤 2017.7.2

学生感悟

当你很累的时候，你应该闭上眼睛深呼吸，告诉自己你应该坚持得住，不要这么轻易地否定自己。谁说你没有好的未来？明天的事后天才会知道。

——邱林 2017.7.2

学生感悟

失败不可怕，可怕的是跌倒了也不会爬起来。俗话说："失败乃成功之母。"成功这个东西，最大的关键就是坚持。遇到困难不退缩就是坚持，就算没有成功也会有收获，贵在坚持。

——常美玉 2017.7.2

学生感悟

坚持是毅力，坚持是灵魂，坚持宛如品茗时的苦尽甘来，是人亢奋后的陶醉；坚持宛如雨后的彩虹，使人经历无数风雨后饱尝甜头。

——李瑞军 2017.7.2

学生感悟

喜欢跑步的人很多，但天天坚持跑步的人不多；拥有梦想的人很多，但坚持一个梦想的人不多；喜欢回家的人很多，但天天回家的人不多。现实生活中，每个人的思想都很丰富，但是能够持之以恒地做一件事情的人并不多。所以，有人成功，有人失败，有人笑，有人哭，关键是一开始你的意志是选择了笑还是选择了哭。

——籍洪远 2017.7.2

学生感悟

人生就像马拉松，获胜的关键不在于瞬间的爆发，而在于途中的坚持。你纵有千百个理由放弃，也要给自己找一个坚持下去的理由。很多时候，成功就是多坚持一分钟，这一分钟不放弃，下一分钟就会有希望。只是我们不知道，这一分钟会在什么时候出现。再苦再累，只要坚持走下去，属于你的风景终会出现。任何事情，如果你半途而废，那就注定只有失败。但反过来，任何事情只要你能坚持做下去，就有成功的可能！

——王雅琼 2017.7.2

学生感悟

在生活中有很多不同的考验，无论遇到什么困难都要积极面对。再多的名利最后都会离你而去，生带不来，死带不去，要用平常心看待它们，不要狂妄自大。再不好的也会过去，凡事都有两面。不可浪费，懂得节省也是一种美德，加油！

——邵敏 2017.7.2

学生感悟

不积跬步，无以至千里；不积小流，无以成江海。无论是做什么，当你确定了一个目标，必然得一点一滴地积累，坚持不懈地灌溉，才会有开花结果的一天。很多时候并不是你不够努力，而是你不够坚持。今天很残酷，明天更残酷，后天很美好，很多人却倒在了明天晚上，归根结底是没有做到真正的坚持！

——刘文俊 2017.7.2

每日一句

当你面对失败时，请不要灰心，应当积极地面对，总结失败的原因，从头再来。

辅导员：郭凤臣　日期：2017.7.3

学生感悟

无论成功还是失败，都是人生的一个点。人生就像直线一样，上面有无数个点。每个点，可以说是成功，也可以说是失败。但无论如何，总要去点击下一个点。

——赵雅男 2017.7.3

学生感悟

失败不可怕，可怕的是不敢面对失败。失败，没有任何理由，不需要任何借口，你要做的就是在失败中吸取教训，继续走向成功。

——林娜 2017.7.3

学生感悟

人生不如意十之八九，若每次失败了就灰心，堕落好几天，加起来会浪费太多的时间。与其这样不如踏踏实实地做事，认认真真地做人，积极面对，找到原因，从头再来。

——王彪 2017.7.3

学生感悟

失败不可怕，可怕的是没有再来一次的勇气。人人都希望过幸福的生活，战胜困难也应当人人尽力。生活于愿望之中而没有希望，是人生最大的悲哀。失败并不难接受，要勇于面对失败，从头再来。

——陈树彬 2017.7.3

学生感悟

经历过、面临过失败的人才有资格去对结果进行发言，因为他懂得了失败、战胜了失败，在失败面前依然昂首站立。有一句话：失败并不可怕，可怕的是你害怕失败！

——刘凡星 2017.7.3

学生感悟

也许成功后你并没有太多的欢喜，也许失败也并不难以接受。活着的每一秒都是对生命延续的一种挑战，让生命更艰难的并不一定就是苟延残喘，生命因荆棘而绚烂。

——廖顺 2017.7.3

学生感悟

人生短短数十载，要做的事情很多。能坚定自己的方向并为之奋斗，不失为一桩幸事。一个人要成就自己的事业，不经历失败，不经历挫折，不花费较大的工夫是不可能成功的。艰难困苦甚至失败打击固然会留下难以忍受的痛楚；但也正是这种痛楚才孕育出了一个个生命的奇迹。

——尹文赫 2017.7.3

学生感悟

人生不可能一直顺风顺水，总有逆境。只要你还活着，想活得好，那就要总结，重新选择，从头再来。越来越强就越来越可能成功。人不死，终出头。

——刘小兵 2017.7.3

学生感悟

一个人如果没有经历过挫折与失败，他就不会获得成功。失败可以磨炼人的意志，所以成功的人一般意志都很坚强。失败可以让人吸取经验教训，所以一般成功的人经验丰富。成功与失败让我们感受到了生活的酸甜苦辣，没有成功与失败，我们的生命就不精彩。

——马荣寅 2017.7.3

学生感悟

我们现在还没有成功，你还担心什么失败？牢记，机遇是不断走出来的，不是等出来的。

——郭行通 2017.7.3

学生感悟

任何的抱怨都是无济于事的，只会让自己的状况更糟糕。尝试着去改变自己，你会觉得体内被注入了新鲜的血液，还会有更多新的发现！有希望的地方，痛苦也变成欢乐。每个人都要经历失败，或迟或早。这不是不祥的预言，世界上没有一帆风顺的事，屡败屡战是走向成功的唯一途径。所以真正的成功者只能是那些历经失败而精神不倒的人！

——张之敏 2017.7.3

每日一句
求知的三个条件，多观察，多探索，多研究。
辅导员：郭凤臣　日期：2017.7.4

学生感悟

能够摄取必要营养的人要比吃得很多的人更健康，同样地，真正的学者往往不是读了很多书的人，而是读了有用的书的人。攀登科学文化的高峰，就要冲破不利条件限制，利用生活所提供的有利条件，并去创造新的条件。

——李梦琪 2017.7.4

学生感悟

求知是因为对自己的不满足。每个人都有自己不会的，不会就要去学习，但有些是自己学不会的，那是方法没对。学习有自己的方法，多观察，多探究，多研究，观察和探究让你连接他，而研究就是深入了。每件事都是由浅入深的，学习也是如此！

——闪超 2017.7.4

每日一句

放下浮躁，放下懒惰，放下三分钟的热情，静下心来好好做你该做的事情。

辅导员：郭凤臣　日期：2017.7.5

学生感悟

多年后你也可以一个人旅行，没有想象中孤寂；你一样可以放心吃喝，和陌生人结缘，嬉笑打闹，看风景辽阔，山还是山，水也还是水，没有因为你的悲伤溃不成军，更没有因为你的放不下就失去意义。你终会明白，失望是一副有色眼镜，那些年让你迷失的，不过是你自己不切实际的期盼罢了。

——陈润琦 2017.7.5

学生感悟

已经是要升大三的人了，静下来想，两年过去了，除了学识上，其他并没有很大的收获。开始想以后的路了，心里想着一定要从事自己喜欢的工作，只有喜欢才能付出热情，全身心地去投入。该认真思考以后的人生路了，不能像刚入学一样，一切都茫然不知。要确立好目标，并付出实际行动。万事开头难，切记不能浮躁，不要急功近利，不能为自己的懒惰找借口。放下三分钟热情，不干三天打鱼两天晒网的事，要坚持自己的目标，付出努力去实现，相信自己，you can（你可以的）！

——陈雪鹏 2017.7.5

学生感悟

起床困难，那就放下手机早点睡。书堆得多不知看哪本，那就拿起最经典的。说走就走的旅行下不了决心，那就先学会欣赏身边美景。如果不曾开始，永远不会抵达。别忘记答应自己的事，别忘记想去的地方。人生不设限，推自己一把，没有到不了的明天！

——王宁 2017.7.5

学生感悟

放空你禁不住诱惑的大脑，放开你容易被任何事物吸引的眼睛，闭上你什么都想聊两句的嘴巴。任何事情不会因为你的想象就会有结果，你不去付诸实践，就不会有期待的收获。未知让人恐惧，也引人好奇，但这不足以让你止步。在每条路的尽头，都有另一个维度的天空。

——毕海迪 2017.7.5

学生感悟

在做事时，尽量做好每个细节，让细节来稳定你的心态。放下浮躁，只要心态平稳了，你的信心就会增强，而且你还会认真对待来到你面前的每件事。

——张婉婷 2017.7.5

学生感悟

想好自己的短期目标，想好自己的长期目标，放下自己的懒惰，一步一步向着自己梦想的目标踏实前进，对任何事如果都只有一阵的热情，你将一事无成。

——戴泳铭 2017.7.5

学生感悟

规划自己的时间，知道自己想要去做的与该去做的。浮躁会扰乱你的生活，打乱你原有的节奏；静下心来做自己该做的，不要因为周围环境而无所适从。

——杨洁 2017.7.5

学生感悟

要审视自己的内心，为了像样的成长。

——丰悦 2017.7.5

学生感悟

放下你的浮躁，静下心来阅读；放下你的担忧，勇敢走自己的路；放下你的贪婪，有失必有得。放下你的懒惰，勤奋是你通向成功的必然选择。放下你三分钟的热情，专一执着地向目标前进！静下心来，好好做你想做的事，不要让短暂的青春留下遗憾！

——吕小倩 2017.7.5

学生感悟

把努力当成一种习惯，而不是三分钟热度。坚持才是王道，每一个你羡慕的收获，都是别人努力用心拼来的，你可以报怨，也可以无视，但记住，不努力，连认输的资格都没有！

——李玉婷 2017.7.5

学生感悟

生活中，无论学习还是培养其他习惯，都是一个长期的过程。心平气和地做一件事情是非常重要的，只有静下心来，一点一滴地积累，放下浮躁，才能真正收获自己想要的东西。

——许镱凡 2017.7.5

> **每日一句**
>
> 总结过去，规划未来，假期开始了，希望大家珍惜自己的这个假期，利用好这个假期，都能有所收获。
>
> 辅导员：郭凤臣　日期：2017.7.6

学生感悟

利用假期好好学习，做一些有意义的事情。

——李祎 2017.7.6

> **每日一句**
>
> 时间如匆匆过客，一转眼一年又过去了。大家要感恩父母，他们为我们又辛苦了一年；大家要感谢老师，他们为我们又辛劳了一载；大家要反省自己，感谢自己的努力，总结自己的失败。
>
> 辅导员：郭凤臣　日期：2017.7.7

学生感悟

学会自我反省，感恩父母，感恩老师，感恩身边的人，感恩他们为我们付出的真心和照顾。没有谁应该为你做任何事，要相信，用真心换真心，用真诚换真诚，这样你的生活环境才是最美好的。

——王丽慧 2017.7.7

> **每日一句**
>
> 大学就像人生的一座加油站，你选择哪座加油站直接决定了你加油的质量。加油的过程就是你奋斗的过程。
>
> 辅导员：郭凤臣　日期：2017.7.8

学生感悟

当你走进大学校园，每天与来自五湖四海的人接触，从他们身上学到你所没有的东西，看见知识的闪光，听着老师教给你的知识。学校就是加油站，你的态度决定你加油量的多少。

——李兰兰 2017.7.8

学生感悟

上大学的目的，是培养你的独立思维，让脑子理性、明晰，出校门后不至于人云亦云信口胡诌，能够辨识出最适合自己的人生之路。大学更要走走看看，看看不一样的风景，领略不一样的人文观念。在这个过程中，颠覆那习以为常的偏见与错误，形成更富有全局性的思维。此外，就是选择正确的人生跑道，弥补家庭与学校教育的不足，只选择那些最有营养、最有价值的，这会让你的人生，飞得更高、更远。

——李祎 2017.7.8

学生感悟

在大学生活中我们应该完善自己，充实自己，学习知识和社会经验！我们不应该把大学四年时光浪费在游戏、恋爱、虚度光阴之中！我们应该做一些有意义的事情，让我们自己变得有价值。

——江磊 2017.7.8

每日一句

劳动是人类生存的第一需要，当人类社会发展到物质财富极大丰富时，人们就需要极大的精神财富。那时，劳动将成为人类的精神财富源泉。

辅导员：郭凤臣　日期：2017.7.9

学生感悟

精神财富，既然叫作财富，也像真正的财富一样宝贵，而与物质财富不同的是，精神财富不会随时间的推移贬值，并且能在我们失意或悲伤的时候给予抚慰，在遭遇挫折的时候给予我们信心或前进的方向，在我们老去时可以回味。谁也拿不走我们的内心宝藏，那是比任何实际财宝都要珍贵的东西，是一个人得以活下去，得以不断进取的源泉。

——接贵欣 2017.7.9

每日一句

思路决定未来，细节决定成败，角度决定高度，高度决定速度。

辅导员：郭凤臣　日期：2017.7.10

学生感悟

思路决定出路，观念决定前途。想法决定做法，方向决定目标。脑袋决定口袋，行动决定未来。角度决定深度，高度决定气度。细节决定成败，态度决定效果。

——王佳宁 2017.7.10

学生感悟

注重细节和不注重细节，可能导致一件事情的成功或失败。"细节决定成败"是一句俗语，也是一个哲理，指的是讲究细节能决定事件的走向。对于不清楚、不了解的事物不要轻易下定论，不要让机遇悄悄地溜走。也许一个决定，一个微不足道的细节，恰恰决定了你的成败。

——李梦珛 2017.7.10

每日一句

梦想让你与众不同，只有奋斗才能改变你的命运。

辅导员：郭凤臣　日期：2017.7.11

学生感悟

梦想永远是美好的，但梦想是把热血、汗与泪熬成汤。最近的热播剧《北京女子图鉴》告诉我们梦想与奋斗的故事。主题曲由金志文演唱，"不论你要去何方，送你一匹马，陪你乘风破浪，勇敢闯天涯"。

——孟秋月 2017.7.11

学生感悟

好点子固然人人都会有，但大部分人没有付诸行动。世界上最有用的秘诀就是"能力法则"：必须不懈地拿出行动，在你做任何一件事时，都要好好学习，找出下次能做得更好的方法，不因失败而懊恼，找出修正的方式。如果好好审视历史上的成功人士，会发现他们都不因困难而退缩，不轻易为拒绝而停滞。凭借毅力和弹性追求自己想要的，最终就会成功，不要半途而废。

——吴嘉欣 2017.7.11

学生感悟

我们在为梦想而奋斗时，会迷茫，会失去方向，这种时刻，就应该多给自己一些信心，相信自己一定能成为理想中的自己。坚持梦想并一直努力的人，总能绽放出令人敬佩的光彩。

——张馨怡 2017.7.11

学生感悟

人在一条路上走久了，会忘记自己的初衷和梦想。别忘记了曾经的梦想，别丢下当初那份执着。"梦想让我们与众不同，奋斗让我们改变命运。"我记得这是卢冬强最近更新的一条微博，配图是他上一场在"拳星时代"擂台上证明自己的比赛。我不知道他发这条微博时的心情，但我知道他一定怀揣梦想，一路奋斗才成就了如今的自己。

——赵亚楠 2017.7.11

学生感悟

有梦想就去努力，因为人只有一辈子，现在不去勇敢地努力，也许就再也没有机会了。你要相信，一定要相信，没有到不了的明天。不要被命运打败，让自己变得更强大。

——项瑜 2017.7.11

学生感悟

人生，越努力，越幸运。别人可以替你开车，但不能替你走路；可以替你做事，但不能替你感受。人生的路要靠自己行走，成功要靠自己争取。天助自助者，成功者自救。

——陈启晖 2017.7.11

每日一句

一个大学生做事情要有底线意识，要有红线意识，什么事情该做，什么事情不该做，要把握好度。

辅导员：郭凤臣　日期：2017.7.12

学生感悟

如果有一天，让你心动的再也感动不了你，让你愤怒的再也激怒不了你，让你悲伤的再也不能让你流泪，你便知道这时光、这生活给了你什么，你为了成长，付出了什么。

——徐晨 2017.7.12

每日一句

逆境能够锻炼你的品质，增强你的意志，愿我们每个人勇敢地正视自己的逆境，在逆境中成长。

辅导员：郭凤臣　日期：2017.7.13

学生感悟

阳光总在风雨后。一切的艰难险阻都只是在磨炼你的意志。王子只有勇敢地劈开前面的荆棘，才能到达宫殿解救昏睡的公主。只有克服逆境，努力向前，我们才能笑到最后。

——谷恬 2017.7.13

学生感悟

逆境能够促使人成长。逆境增强人的理念与知识，当我们发现自己走错了路，我们人生的见识和经验就更加丰富了。在逆境中，不要一味地怨天尤人，要多考虑怎样克服困难。彼得逊说过："人生中，经常有来自外部的打击，但这些打击究竟会对你产生怎样的影响，最终决定权在你自己手中。"

——魏来 2017. 7. 13

学生感悟

在逆境中成长是一种磨炼，要有足够的勇气面对逆境中的重重考验，即使考验永无止境，也要赋予自己全部的力量，用自己最坚强的心战胜重重关卡，获得最终的胜利。在困难中成长，在逆境中不屈，相信终有一天会出现"野火烧不尽，春风吹又生"的奇迹。坚强地去面对生活中的一些烦琐的事情，不轻易地放弃，顽强地对待自己的生命，要坚信：我一定不能放弃，不管是什么，至少我一定不能输给我自己！身处逆境时，在逆境中痛苦或哀叹命运不公都是无济于事的。不如在逆境中让敌人帮助我们成长，让危机提高我们的警觉，让困境刺激我们的思维，做到不怀疑自己，不轻言放弃，提高自己的忍耐力。

——樊啟媛 2017. 7. 13

学生感悟

不论是谁，在人生中有时总难免身陷逆境。身陷逆境，一时又无力扭转面临的颓势，那么就选择暂且忍耐。事物总是在不断地运动和变化，在忍耐中等待命运的转机。不能忍耐的结果，往往是不得不更长久地忍耐。世上没有绝望的处境，只有对处境绝望的人。当你感到悲哀痛苦时，最好是去学些什么东西。学习会使你永远立于不败之地。

——李思敏 2017. 7. 13

学生感悟

通过读郭老师的话，我明白了人在成长过程中，总会遇到大大小小的困难，有些人在逆境中选择了退缩；而有些人却在逆境中成长。

——王岩 2017. 7. 13

学生感悟

人生中，经常有来自外部的打击，但这些打击究竟会对你产生怎样的影响，最终决定权在你自己手中。逆境给人宝贵的磨炼机会。只有经得起逆境考验的人，才能成为真正的强者。

——王悦震 2017. 7. 13

学生感悟

在逆境中，你会学到许多人生的哲理。也许，在这过程中，你会经历磨难，你会经历风吹雨打，但想想未来，想想成功，这些又算得了什么呢！

——魏东波 2017. 7. 13

学生感悟

追求目标的过程中，你必会遇到许多挫折与坎坷，必须冷静沉着，明白自己到底想要什么，然后坚定信念，哪怕遍体鳞伤，也要坚持走下去，不留遗憾。逆境让人进步，也让人成长。

——赖丽云 2017.7.13

学生感悟

人生就是在风风雨雨中行进，在坎坎坷坷中成长。生活中的许多苦难，教会了我们坚强；生活中的许多考验，磨砺了我们的意志。生活让我们经受折磨，也让我们学会担当。快乐总是伴着痛苦，鲜花总是伴着泪水，没有谁的一生会一帆风顺，没有谁的笑容背后不带沧桑。或许我们只看到了别人成功后的风光，却忽略了人家付出的努力和坚持；或许我们只看到了别人脸上的笑容，却不知道他们也曾流下辛酸的眼泪。真正的强者，是能够含着眼泪奔跑的人。

——赵盛楠 2017.7.13

学生感悟

要面对逆境，甚至战胜逆境，就要有强者的心态。每个人都有权选择自己的生活态度，而态度则影响我们待人处事的方式。选择积极进取、力求突破，还是消极退让、虎头蛇尾，对自我发展或战胜逆境影响重大。

——屈志伟 2017.7.13

每日一句

踏踏实实做事，认认真真工作，真真实实做人，机会不是抱怨来的，是靠行动争取来的。

辅导员：郭凤臣 日期：2017.7.14

学生感悟

蔡崇达在《皮囊》里说过这样一句话，大概意思是这样的：或许能真实地抵达这个世界的，能确切地抵达梦想的，不是不顾一切投入想象的热潮，而是务实、谦卑的，甚至是你自己都看不起的可怜的隐忍。最离奇的理想所需要的建筑材料就是一个庸常而枯燥的努力。人活一世，你若想做有意义的事，成为想成为的人，那就得老老实实做人，踏踏实实做事。

——马烨超 2017.7.14

学生感悟

踏踏实实，不仅体现在工作上，还体现在任何事情上。勤勤恳恳、踏踏实实才能得到领导的认可，才能得到同学的喜欢。机会总会有的，但机会是留给有准备的人的。如果你的能力不够，你做人不实，那机会永远也不会轮到你。俯首甘为孺子牛，要拥有像牛一样的精神，不张扬，不抱怨。低头勤勤恳恳地做好分内的事情，不咋咋呼呼，不要太过于追求名利。记住，成功的路上不需要言语者，而需要实践者。说的总是好听的、美好的，可是做的又是磨磨唧唧、邋邋遢遢的。这样等于无用，所以踏实下来，少说多做。做好分内的事，这才是难能可贵的。

——王彤彤 2017.7.14

学生感悟

踏踏实实做事，认认真真工作，学会接受、不抱怨。世界上不是什么事情都是你所喜欢的，人也不都是你所欣赏的。不要拿别人的错误惩罚自己，更不要拿道德评价来约束他人。我们并没有多高尚，只是活出了自己的个性。

——王莉婧 2017.7.14

学生感悟

的确如此，对待所有的事情都应该认真。自己的未来只有自己去享受，不管痛苦还是痛快，我们都得自己承受。

——王伊健 2017.7.14

学生感悟

董明珠曾经说过这么一句话，"在格力，我们每天都是战战兢兢如履薄冰，生怕被人超过，只能脚踏实地扎实苦干，才能不被别人超过。"生活中也一样，只有脚踏实地一步一个脚印，才能找到更多机会，才能有更大可能获得成功。

——刘蕴熙 2017.7.14

每日一句
诚实、真诚、守信、严谨、勤奋、乐观就是做人之道。 辅导员：郭凤臣　日期：2017.7.15

学生感悟

勤奋是我们的老师，也是我们的朋友。它将带我们接近自己的理想。

——杜亚楠 2017.7.15

学生感悟

静是一种境界，是精神与灵魂的平静，是看透名利得失、荣辱成败的觉悟，是内心本质需要的理解和把握。它平和、恬淡，宠辱不惊；它纯真、灵动，不沾染世俗尘埃；它淡泊、舍得，超然于名利场外。一个心灵宁静的人，高朋满座，不会昏眩；曲终人散，不会孤独；成功，不会欣喜若狂；失败，不会心灰意懒。心静的人就能做到：坦然处世，洒脱处事；不以物喜，不以己悲。人生最大的成功是什么呢？在我看来，莫过于静下心来去听别人真心的教诲。

——王成茜 2017.7.15

每日一句

大学的真正意义是完成对世界、对社会、对自己深刻但清晰的认知，知道自己要什么，不要什么，赞成什么，反对什么，能做什么，不能做什么。

辅导员：郭凤臣　日期：2017.7.16

学生感悟

大学不能盲目，要有自己明确的目标、计划、规划，清晰地知道自己想要什么，知道什么是对的。有自己的判断能力是步入社会的基本。

——房洁 2017.7.16

学生感悟

成熟不是随波逐流，人云亦云；不是察言观色，八面玲珑；也不是见风使舵，老奸巨猾。成熟时，面对诬陷而不丧失自信，面对成就而不骄傲，面对恭维而不丧失理智。

——李明月 2017.7.16

每日一句

别人考研了，你也考；别人出国了，你也出。你不知道自己是谁，要什么，要过什么样的生活，你活着但也死着。一个思想不独立的人其实不是一个完整的人。人之所以为人是因为你就是你，你是独特的。这个世界上可能没有绝对的公平，但你和其他人都不一样就是最大的公平。那么你为什么还要按照别人的样子去生活呢？

辅导员：郭凤臣　日期：2017.7.17

学生感悟

不要看别人干什么你就干什么。每个人都是独立的个体，有独立的思想，独立的生活。独立的你，一定要有独立的目标。上天没有绝对的公平，努力不一定会成功，但是努力才有成功的可能性，不努力则注定会失败。

——郤琳 2017.7.17

学生感悟

每个人都是不一样的，都是独特的个体，思想、待人处事、世界观、价值观等都是不一样的。要有自己的生活，不要别人干什么你就干什么，不一定要追求不一样的，但是要有自己的态度，随波逐流等于零。

——王宁 2017.7.17

学生感悟

世上最失败的人就是没有自我的人，毫无目的，毫无理想，随波逐流，复制别人的思想，跟随别人的行动，不知道生命的意义。荒废这两个字是体验过后才能领会的。

——陈文杰 2017.7.17

学生感悟

我觉得这段话非常好，我无力反驳，希望大家活在现实里。

——朱彤 2017.7.17

学生感悟

做一个有目标、有思想的人，自己的船自己掌舵。每个人都是独立的个体，做自己想做的事，不怕失败，不怕困难。

——高熙然 2017.7.17

每日一句
大学毕业时，三流的毕业生只会看到眼前，二流的毕业生会看到三年，一流的毕业生会看到十年后的自己，你是哪种呢？我希望我的学生一流的多一些。 <div align="right">辅导员：郭凤臣　日期：2017.7.18</div>

每日一句
健康的身体是做一切事情的前提和基础，请大家养成良好的生活习惯，积极地锻炼身体。 <div align="right">辅导员：郭凤臣　日期：2017.7.19</div>

学生感悟

早起一杯温开水，9点前早餐。一日三餐定时定量吃：荤素搭配，饭前饭后半小时内尽量不喝水，其余时间段小口饮，少量多次，偶尔吃点水果；锻炼，11点前睡觉，非常饿的情况下少吃点。健康规律地生活。

——罗文娟 2017.7.19

学生感悟

身体是革命的本钱。坚持每天锻炼，磨炼自我意志。习惯决定成败，多锻炼、多看书养成良好的生活作息是成功的前提。

——耿秉温 2017.7.19

学生感悟

有句俗话说得好，身体是革命的本钱。如果没有一个好身体，什么事情也做不了。

人没钱可以不吃不喝，但是不会不去看病！这学期我感同身受，从来没有生过大病的我，被病魔折磨了一个月，那时候就想只要我身体好了，让我做什么都可以，所以同学们一定要让自己健康，多运动，少吃一些垃圾食品，为自己保护好身体，为家人保护好自己的身体！

——芦越 2017.7.19

学生感悟

要有正常的生活作息，经常去锻炼身体，不要老是熬夜。事实表明，有规律地锻炼会使人身体棒、感觉爽，精力充沛地完成各项工作和任务。不正常的生活规律会带给身体巨大的负担。

——张欣宇 2017.7.19

学生感悟

身体健康是正常学习、工作和生活的必备条件。如果没有健康的身体，就不能长时间保持充沛的精力和蓬勃的朝气，甚至还会为一些疾病困扰，根本无法从事正常的社会活动。但如果没有健康的心理，人就会经常处于焦虑、郁闷、孤僻、自卑、怨恨、猜忌等不良状态，同样不可能在学习、工作和生活中发挥个人潜能，取得成就和发展。所以，协调好自我生理与心理的关系，保持身心健康就是科学把握人生道路，创造有价值人生的基本前提。

——程扬威 2017.7.19

学生感悟

身体很重要啊！少熬夜，多睡觉，没事多走走，吃好喝好。

——周仁 2017.7.19

学生感悟

身体是革命的本钱，没有了健康的身体，再宏伟的目标都是无法完成的。你连身体都支撑不起来，还有什么能支撑起来呢？活着才有资本，才有去奋斗、去拼搏的资本。

——谢玥 2017.7.19

每日一句

同学们，寒暑假不是带薪休假，你们的学习不光是书本上的学习，还包括在实践中学习，在生活中学习。你们交的学费是包括寒暑假的，记得我曾经给大家算过一笔账，你在学校待一天就要花去家长 200 元左右。要知道，学费是用来购买学习时间的，不是用来购买玩耍时间的。

辅导员：郭凤臣　　日期：2017.7.20

学生感悟

每个年龄段都有最美好的一面，也有烦恼与不如意相伴随。既然时光一去不复返，那么，滚滚红尘里的我们，最重要的就是珍惜，把握住今天。

——石栋 2017.7.20

每日一句

同学们，剩余时间是一点一点积累的，差别是一点一点形成的，充分利用好剩余时间，是一个大学生超越其他人的重要途径和办法。努力吧，我的学生们。

辅导员：郭凤臣　日期：2017.7.21

学生感悟

时间是一种不可回收的资产。上帝是公平的，给予每个人一天 24 小时的资产。但是为什么总有人抱怨时间不够用？这是值得去反思的一个问题。是时间真的不够用，还是你根本不知道怎么去利用时间？你拥有的时间可完全由自己支配。既然时间是一种资产，那么浪费时间必然要承担风险。规避风险的唯一途径，就是学会管理自己的时间。

——王响辉 2017.7.21

学生感悟

花有重开日，人无再少年。时光荏苒，岁月如梭，正如《匆匆》写的那样："我的手确乎是渐渐空虚了。在默默里算着，八千多个日子已经从我手中流去；像尖上一滴水滴在大海里，我的日子滴在时间流里，没有声音，也没有影子，我不禁头涔涔而泪潸潸了。"人过留名，雁过留声，我们应该把握当下，创造自己的价值，让自己的人生过得有意义。

——赵静静 2017.7.21

每日一句

同学们，只有你能忍过别人忍不了的困难，你才能得到别人得不到的幸福。

辅导员：郭凤臣　日期：2017.7.22

每日一句

同学们，你们的过去我无法参与，但是你们的大学生活，老师会陪伴到底。

辅导员：郭凤臣　日期：2017.7.23

每日一句

没有把握好可以让自己更好的时间，没有深入地了解一下自己的专业，没有不为纯学分而是凭兴趣地旁听过一节课，没有参加过任何一个社团组织，没有听过图书馆的闭馆音乐，没有一次青春的疯狂，没有一次和室友推心置腹的畅谈，没有一次毕业旅行，没有谈过一次恋爱，没有常回家看看，那你的大学一定会留下很多遗憾。

辅导员：郭凤臣　日期：2017.7.24

学生感悟

大学应该把自己在青春中所有想做的都做完，因为这是青春中最后的时间。

——赵慧婷 2017.7.24

学生感悟

对一个真正有追求的人来说，生命的每个时期都是年轻的、来得及的。心里想做什么，就大胆地去做吧！不要管自己的年龄有多大以及生活状况如何，因为你想做什么，你能否取得成功，与这些没有什么关系。

——杨寅奇 2017.7.24

学生感悟

所以，要在可以的时候，多给家人一些陪伴，多学习一些知识，丰富自己，努力把自己变得更好。

——刘雪剑 2017.7.24

学生感悟

古语云："自立自重，不可跟人脚迹，学人言语。"这其实说的就是一种自信。相信自己有足够的能力去做好一件事，相信自己能凭借自身的能力去完成一个任务。缺乏自信的人，总是喜欢去跟着别人的脚步，去模仿，他们怀疑自己的能力，而自信的人则是自己思考、计划，因为他们相信自己的能力，相信自己的方法是最好的。两者之间有着巨大的差别，自信的人往往更能进行独立的思考，也往往更具有创新精神。只有自己先相信自己，别人才能相信你，这个浅显的道理在求职过程中甚至职场生活中仍然有很多人不懂。

——王亚芳 2017.7.24

每日一句

世界是公平的，想要比别人强，就必须去做别人不想做的事；想要更好的生活，就必须去承受更多的困难。不吃拼搏的苦，就会吃生活的苦。

辅导员：郭凤臣　日期：2017.7.25

学生感悟

世界是公平的，付出多少就会得到多少。当你抱怨生活，抱怨社会，抱怨命运时，你没有意识到自己也在某些方面享受着不公平带给你的权利。凡事多想想自己能带给别人什么，不要总想着别人哪里可以帮到自己。越长大越应该明白，要成为对别人有用的人。逃避是解决不了任何问题的，选择性无视也不会改变事实。只有更努力，才会发现自己有多强大。

——王立新 2017.7.25

学生感悟

世界是公平的，想要比别人强，就必须去做别人不想做的事；想要更好的生活，就必须去承受更多的困难。

——申佳宁 2017.7.25

学生感悟

我们都不是底子特别好的同学，也许是天资笨拙，也许是年少轻狂，但是现在我们都站在同一条起跑线上。两年已经过去了，大学生活已经过去一半了，这两年，有的同学每天起早贪黑，有的同学每天享受生活。世界是公平的，你现在吃苦换来的是以后的安稳，现在享乐消耗的是以后的幸福。

——沈岚泽 2017.7.25

学生感悟

上帝对人是公平的，正所谓种瓜得瓜，种豆得豆。有人曾说过，一分耕耘一分收获。只要付出了就一定有收获。

——刘倩含 2017.7.25

学生感悟

当你疲惫不堪时，鼓励自己坚持，生活就是这样，人生就是这样，再苦也要坚持，再累也要拼搏。告诉自己，永远都要以积极乐观的心态去面对人生。在通往成功的路上，乐观本身就是一种成功。笑着面对生活的一切，这样你才能发现它的美。保持乐观的心境，不要对生活中的艰难险阻怨天尤人。凡事想要成功，都必定要付出代价，要努力奋斗。拼着一切代价，不怕失败，奔向你的前程吧！

——桂圆 2017.7.25

每日一句
身体就像一座时钟，发条没劲的时候，你要给它加劲，输入能量。当它落灰的时候，你要打理和维护。 　　　　　　　　　　　　　　　辅导员：郭凤臣　　日期：2017.7.27

学生感悟

努力奋斗不是为了别人，是为了成就更好的自己；拼命地生活不是为了活着，而是为了美好的每一天！日复一日，年复一年，生命不是无聊的机械重复动作，每一分、每一秒，都能有不一样的精彩！

——申佳宁 2017. 7. 25

每日一句
大学生应具有高于中学生的视野，最主要的是更高的看人的视野，应当有大气，有豁达，有高度，有远度还要有宽度。 辅导员：郭凤臣　日期：2017. 7. 28

学生感悟

虽然改变不了生命的长度，但我们能拓宽生命的宽度。

——谢欣 2017. 7. 28

每日一句
珍惜自己生命的人应当总是在积极地工作和学习，就好像他会长久地活下去。 辅导员：郭凤臣　日期：2017. 7. 29

学生感悟

生命只有一次，时间是有限的，浪费了就再也没有了。雷锋说："人的生命是有限的，可是为人民服务是无限的。我要把有限的生命，投入到无限的为人民服务之中去。"

——王畅 2017. 7. 29

每日一句
复杂的事情简单做，你就是专家；简单的事情重复做，你就是行家；重复的事情用心做，你就是赢家。 辅导员：郭凤臣　日期：2017. 7. 30

每日一句
用心去做，用头脑去思考，用智慧去武装，用才智去规划，用实际去行动。 辅导员：郭凤臣　日期：2017. 7. 31

学生感悟

人不过是一根苇草，是自然界里最脆弱的东西，但他是一根能思考的苇草。我们的全部尊严就在于能思考。

——郭嘉伟 2017.7.31

学生感悟

不管做什么事情，都要尽自己最大的努力，去做到最好。如此一来，我们会从中学到一些自己以前不会的和没有接触过的东西，这会让我们在以后的工作中得到很大的帮助。我们不要做一个聪明的人，要做一个有智慧的人。我们要用智慧去武装自己，用实际行动证明自己。

——孟昭君 2017.7.31

2017 年 8 月
——要有追求

大学生应该在自己的学业上有所规划，应在自己的职业上有所规划，就像跑一次马拉松一样，每一个供水站就像规划中的中转站一样。郭老师和学生共勉。

当野马一降生的时候，它就懂得追求速度，因为只有具有无可比拟的速度，它才能在草原上活命；当小熊一出世的时候，它就懂得追求力量，因为只有具有无法超越的力量，他才能在森林中生存。生命，因追求而有意义。

自然间的万物也都有追求。水滴的追求是汇成小溪，小溪的追求是汇成大海，因为它们明白，只有不断地追求才能使自己变得强大，以至于达到大海的浩瀚。就像水滴因追求而成大海一样，土砾因追求而成高山，树苗因追求而成参天大树，世间万物都因追求而有意义。

当我们还是小孩的时候，便在心中立下了目标，这一生的过程，便是去追求心中目标的过程。为了追求这个目标，我们不断地去拼搏，去奋斗，从而创造出了辉煌而美丽的人生。人生，因追求而有意义。追求，让人生更美丽。一代枭雄拿破仑曾说过："不想当将军的士兵不是好士兵。"每个人都有一个向上的追求，而没有追求的人生则是失败的。正是人们不断追求，社会才会不断进步，科技才会发展，国家才会繁荣。

正是因为对无数梦想的追求，人们才会积极上进，才会实现人生的辉煌，才会绽放人生的美丽。

　　追求是人生向前的推动力。爱迪生因有让世界充满光明的追求而奋发研究，即使失败了千万次也毫不气馁，最终成功改良了电灯，成了举世闻名的人物；朱元璋因有统一天下的追求而拼搏征战，最终力压群雄，建起了奇迹般的大明帝国，而胸无大志、目光短浅的张士诚、明玉珍等颇有实力的地方割据势力则都成为朱元璋的手下败将。追求推动人生，使人生不断向前，让人生变得更加精彩与美丽。追求，是有价值、有意义的人生的保证；追求，让人生更美丽。

每日一句

今天又是一个特殊的日子，90年前的今天，南昌城头一声枪响，创建了人民的军队。90年的风雨，90年的拼搏努力，让我们向光荣的人民子弟兵致敬。作为大学生的我们要学习军人的气质，军人的情怀，军人的豪迈，成为一名合格的新时代的大学生，为两个一百年奋斗目标的实现而努力。

辅导员：郭凤臣　日期：2017.8.1

每日一句

这个世界上根本不存在"不会做""不能做"，只有"不想做"和"不敢做"，当你失去所有依靠的时候，你自然就什么都会了！

辅导员：郭凤臣　日期：2017.8.2

学生感悟

我们觉得不会做的事，许多都是小事。比如，有人说我不会做饭，那只是因为家里有人做饭，以至于我压根没去练习过。生活中，我们有很多嘴上说着不会做的事情，像不会做饭，不会整理衣服，不会护肤，不会化妆……其实我们都会，只是懒得去学、去尝试，都败给了懒惰，一直都把"我不会"作为进步的借口。其实这世界上不存在不会做的事，只是你愿不愿意做。

——赵亚楠 2017.8.2

每日一句

对于消极的人来说，生活是一场悲剧，因为他只体验到了目前的处境。而对于积极的人来说，生活是一场喜剧，因为他心里藏着对未来的希望。

辅导员：郭凤臣　日期：2017.8.3

学生感悟

成功根本没有秘诀，如果有的话，就只有两个：第一个是坚持到底，永不放弃；第二个就是当你想放弃的时候，请回过头来再照着第一个秘诀去做。

——王宁 2017.8.3

学生感悟

我们不管对待什么事情都要有积极的心态，这样我们才能将这件事做好。在面对生活的时候也要做到心态积极。如果我们用消极的心态去看待生活，就会觉得生活处处是悲剧，每条路都走不到头，生活在黑暗中，但当我们积极看待生活时，我们就能走到人生巅峰。

——孟昭君 2017. 8. 3

学生感悟

消极情绪是指对事物抱有负面的想法，简单来说，就是一种心理暗示。每当我遇到困难，我都会告诉自己：没关系，一切都会变好。虽然暗示这件事情很困难，但也要告诉自己：一定会好的。所以什么事情发生在我身边我都会置之一笑。没什么过不去的坎儿。长期抱有消极心态的人，往往会离成功的大门越来越远。只有培养良好的心理素质才能给自己最好的交代。

——毕海迪 2017. 8. 3

学生感悟

生活不都是快乐的，也会产生烦恼悲伤，重要的是你怎么去看待和处理生活给你带来的乐与忧。换一种方式去看待，你得到的也会不同。消极的人他身边的环境都是阴雨天，积极的人可以看到阴雨天过后出现的彩虹。两种观念带给你的心情与收获都会不同，要学会调整自己的心态。

——杨洁 2017. 8. 3

学生感悟

乐观者在灾祸中看到机会；悲观者在机会中看到灾祸。有理想在的地方，地狱就是天堂；有希望在的地方，痛苦也成为欢乐。明智的人绝不会坐下来为失败而哀号，他们一定会乐观地寻找办法来加以挽救。

——陈树彬 2017. 8. 3

学生感悟

坚持是无数人都难以做到的事，而放弃是一件所有人都极其容易做成的事。坚持不一定会成功，但放弃一定会失败。当你想要放弃的时候，想一想，都已经坚持到这儿了，再坚持一下，说不定下一秒就会见到曙光。

——谷恬 2017. 8. 3

学生感悟

要摆正心态，就要充分认识心态对人生的重要性；就要认清自我，有自知之明，扬长避短；就要提高个人修养，善于学习，认真实践，树立正确的世界观、人生观、价值观，培养积极热情、豁达开朗、低调沉稳、知足感恩、敬业奉献的健康心态。好命运从好心态中来。心念转变，行为、习惯、性格就会转变，就会带来命运的转机。真正伤害你的，一定是你自己的负面情绪。当你在前行的路上感觉到人生迷茫时，那是你的心偏离了正确的轨道。

——邵敏 2017. 8. 3

学生感悟

当你想要放弃的时候，想想当初为什么坚持到这里。

——李婧 2017.8.3

每日一句

时间可真快，转眼假期就结束了。总是慨叹时间不够，但其实时间就像海绵里的水，总也挤不完。时间就像一个瓶子，往里放满了石块，觉得满了，但你还可以放很多小石块，然后你又觉得它满了，你还可以放很多沙子，之后你又觉得它满了，这时你还可以灌很多水。这个瓶子就像时间一样。

辅导员：郭凤臣　日期：2017.8.4

学生感悟

没有来日方长，只有时光匆匆。珍惜当下的每一分每一秒，不要把该做的和想做的事情留给遥不可及的未来，我们能把握的只有今天。

——刘倩含 2017.8.4

学生感悟

时间就是生命。我们在浪费一分一秒的时候也一样是在浪费生命。因为一个人生活在世界上的时间是有限的，所以生命也就成为有限的。每过一秒，我们的生命也就短了一秒。浪费时间就等于浪费生命，虚度光阴就等于慢性自杀。在人的一生中，时间是很重要的，我们要好好把握好时间。

——接贵欣 2017.8.4

每日一句

无论精神快乐还是物质享受都是建立在一定的努力和付出的基础之上的。

辅导员：郭凤臣　日期：2017.8.5

每日一句

一个人要经常对自己进行反省，要善待曾经对自己有恩的人。

辅导员：郭凤臣　日期：2017.8.6

学生感悟

反省是对自己一个阶段的总结，看看有什么没有做好的，有什么可以改进的，这样会使自己进步。要感恩帮过自己的人，因为他在困难中拉了你一把，说明他对你还是很信任的。这样的朋友值得交，也值得信任。

——闵超 2017.8.6

学生感悟

人的一生中，最大的成功是什么？那就是通过不断自我反省，而走向人生的又一个高度。人生中最困难的事，就是认识自己。一个懂得自我反省的人，相信反省是一面镜子，将我们的错误清清楚楚地照出来，使我们有改正的机会。这也许就是自我反省的力量所在。正确审视自己，在反省中认识真正的自己！

——吕小倩 2017.8.6

学生感悟

努力是一艘船，反省是一张帆，只有张起这张帆，你才能乘风破浪向着成功的彼岸前进。古语云："以铜为镜，可以正衣冠；以史为镜，可以知兴衰。"铜也好，史也罢，这些都是反省自己的工具。在人的一生中，反省是不可缺少的一部分。

——屈志伟 2017.8.6

学生感悟

心中有恩、懂得感恩的人，容易满足，容易快乐。心中有多少恩，就有多少福；心中有多少怨，就有多少苦。心中有恩，想人好处，这叫聚光。光向上走，表现在脸上，就是微笑。微笑的脸是元宝形，嘴像莲花一样，肯定有福。要学会反省，做到最好。

——王畅 2017.8.6

学生感悟

反省是认清自己的秘诀。人总是很容易发现别人的缺点，然后拿别人的缺点跟自己的优点相比，然后觉得，"嗯，自己还挺不错的"。其实，恰恰忘记了自己的缺点。学会反省自己，就是要敢于面对自己，敢于承担责任。学会反思也是一种进步。感恩是一种善行，我们要感恩善待自己的人。一个人只有心怀感恩，才会懂得珍惜，懂得尊重，懂得付出，才会感受到人生的美好。善待他人就是善待自己。

——王立新 2017.8.6

每日一句

上大学，就像一次旅行，旅途中的景点就是你大学生活里遇到的事情，旅途开始就是你大学生活的开始，旅途结束就是大学生活的结束。旅途中，有人收获多，有人收获少，有人高兴，有人悲伤。

辅导员：郭凤臣　　日期：2017.8.7

学生感悟

曾子曰："吾日三省吾身：为人谋而不忠乎？与朋友交而不信乎？传不习乎？"我

们普通人偶尔反省一下自己便觉得很惭愧，而坚持反省自己更难。曾子所说的，只要真做到，就一定能成为无愧于心的人。为人谋而尽忠，则能无愧于雇主、客户，甚至国家。与朋友交往而能信守承诺，便能无愧于人。不断努力学习，将知识应用到实处，则无愧于老师，也无愧于光阴。

——项瑜 2017.8.7

学生感悟

我们已经在旅途的中点。在这个旅途中，我收获了很多，也知道了很多，对这个旅途我抱有期待。

——刘雪剑 2017.8.7

学生感悟

每个夜晚我都会躺在床上问自己一天收获了什么！在大学这个旅途中我希望自己不是一无所获，而是慢慢地收获。有时自己会迷失方向，不知道该向哪里努力，有时又有满满的奋斗目标，不管怎么样，只要今天我在努力，在奋斗，有收获，就会觉得今天没有白过！

——芦越 2017.8.7

每日一句

在这场旅途中会不知不觉地收获很多东西。一场旅游就是你乐观人生的具体体现，看风景能提升你审美的能力，行走在路上能够锻炼你强健的体魄，计划下一站能提高你的规划能力，遇见特殊的事情能锻炼你的应急能力，整体的一场旅游就是你组织能力的具体体现。让我们都经营好这次人生的旅行。

辅导员：郭凤臣　日期：2017.8.8

学生感悟

人生就是一场旅行，努力地往前走，不必在乎目的地，值得在乎的是沿途的风景，以及看风景的心情。暮暮朝朝又一载，每个人都是匆匆的行者。人生在世，各有各的生存状态，各有各的心路历程，也各有各的价值观念，这些都是不能强求的。在物欲横流的今天，如果一个人注意调适自我，对物欲的追求少一点，对精神的追求多一点，多一分闲云野鹤的追求，少一点尘世的俗累，那么就可以很从容地欣赏沿途的景色。

——邻琳 2017.8.8

学生感悟

在人生的旅途中，我们会遇上形形色色的人，他们让我们的生活变得丰富多彩。我很幸运能够遇上他们，也很感激他们，我会好好珍惜的，把最美好的回忆留在心灵最深处。我想对我身边的所有人说一句，遇见真好。

——樊啟媛 2017.8.8

学生感悟

我们的生活总是很拥挤，总是很忙碌，总以为前方有很重要的东西在等着自己。在拥挤中，我们来不及享受；在忙碌中，我们漠视了爱与被爱。一生是短暂的，时光紧张而毫无悬念地溜走，难以留下一丝痕迹。一直觉得人应该去旅行，在年轻的时候，趁着有脾气装潇洒，离开睁眼闭眼看见的城市，逃离身边的纷纷扰扰，找一个让心里安静和干净的地方，自己变得跟水晶一般透明，然后拍一些美得令人想哭的照片，留给年老后的自己。

——李兰兰 2017.8.8

每日一句

一个人的时候也能很快乐，如果你掌握这项技能，相信我，没人能夺走你的幸福。做你自己最好的朋友，享受自己的陪伴，享受一个人的快乐时光。

辅导员：郭凤臣　日期：2017.8.9

学生感悟

孤独是一种状态，孤独是一种心境。孤独不是可怜，孤独不需要别人认同。孤独是人生的一部分，不会享受孤独，就不会享受人生。其实孤独是高贵的，是特立独行的，是不可或缺的。曾听到过这样一句话：修行的路总是孤独的，因为智慧必然来自孤独。你必须要学会一个人，孤独可以让你理智地去思考。享受一个人的时光，享受孤独的快乐！

——陈雪鹏 2017.8.9

每日一句

挣脱羊群效应

不人云亦云也是能力。曾经有人做过一个实验，在一群羊面前放上一个栅栏，领头羊跳过栅栏之后，后面的羊也会跟着一个个跳过。这看上去很合理对吧？但是当栅栏突然被移开，后面的羊还是继续跳，就好像栅栏还存在一样。如果你问它们为什么跳，它们可能会回答"前面羊跳，我就跟着跳喽"。而人类也不比羊聪明多少。我们也有这种"羊群效应"：我们学东西往往很快，但有时候我们学到的很多东西都是错的。这个现象可以解释我们生活中的很多事。不幸的是，大多数人跟继续跳跃的羊一样，一味地模仿他人。学会不做模仿别人的羊，可能是我们一生最重要的一课。

辅导员：郭凤臣　日期：2017.8.10

学生感悟

坚持做自己。

——李祎 2017.8.10

每日一句

"快速恢复的能力"应用到生活中，就是生命的韧性。从一败涂地中一次次站起来，即便经历一次次的失败，却从不放弃重新起航。你要试着培养这种能力。

辅导员：郭凤臣　日期：2017.8.11

学生感悟

古之成大事者不仅有惊世之才，亦有坚韧不拔的毅力。没有登高望远，无以确定有价值的探索目标，没有对目标的迫切愿望和自信，难以面对征程的漫长和艰辛，没有千百次的上下求索，不会有瞬间的顿悟。国学大师王国维精妙地以三句词道破人生之路：起初的迷惘，继而的执着和最终的顿悟。成功之道无出其右也。

——李梦瑀 2017.8.11

学生感悟

生活其实就是需要很大的承受能力——"快速恢复的能力"。从一败涂地中一次次站起来，生命才会越发坚韧。每个人的生命都需要这种弹性，即使历经风雨，也能重新起航；就算屡次失败，也能重回风光。

——王响辉 2017.8.11

每日一句

有些东西真的不是为你量身定做的，很有可能你再怎么努力也得不到。有时候，你需要转换自己的目标，改变自己的计划。你可以尝试深呼吸，再深呼吸，好了，我可以开始考虑我的新计划——必须要有这种态度。学会放手，可以从下面这些事情开始做：放弃所有物质的贪婪；不穿的衣服，都扔掉或捐掉吧；别再等待朋友圈里的评论和点赞；别再怨恨那个你曾死心塌地的女孩；别为错失的那些机会而懊悔；放弃用尽一切力气让那个不爱你的人去爱你……学会放手是成熟的标志，虽然并不容易，但是它很重要。

辅导员：郭凤臣　日期：2017.8.12

学生感悟

该放手时就放手。

——谢欣 2017.8.12

每日一句

讲故事的能力

很多人让我们记得很久是因为他们知道怎么样讲一个好故事。你将在人生的数十年间遇到无数人，而你也将忘了他们之中的大多数，但是你一定会记得那些会讲故事的人。

辅导员：郭凤臣　日期：2017.8.13

学生感悟

能力要培养。

——王岩 2017.8.13

每日一句

"与众不同"的能力

人的另一项重要技能是知道如何让自己与众不同。

你需要找到某一领域，在那里，你做的比所有人都要好，可以做一个能为别人创造价值的人（即使你的技能很小众）。当然，有些技能比其他的技能更有价值。但是从长远来看，哪个技能最有价值真的很难说。获得优势最简单的方式可能是把两个看似不相关的技能结合起来。比如，做世上最好的计算机工程师非常难，做世界上最了解海豚的人也非常难。但做一个既知道电脑知识，又对海豚有所了解的人还是可以达到的。你可以试着写一个软件记录海豚的迁徙轨迹，或者从海豚和同类交流的方式中受到启发，开发出一种新的软件。

辅导员：郭凤臣　日期：2017.8.14

每日一句

自律的能力

自律几乎是你实现任何梦想的前提。自律指的是让你的想法决定你的行为，而非你的情绪。在最初的热情退去后，仍然继续完成一个想法或者项目；即使你非常想躺在沙发上看电视，也还是要去健身房；早起工作；面对诱惑时说"不"；是自律让我今天早上五点起床去跑步然后写下这篇文章的。相信我，要在从前，我这个时间仍然是蜷缩在床上的，但是这种想法被我的理智给克服了。如果你正在与自律做着斗争的话，那么，好消息是，它一定会对你有帮助的。

辅导员：郭凤臣　日期：2017.8.15

学生感悟

自律，就是要在思想、品德、行为上从严要求自己。古人云：君子责己，小人责人。从古至今，严于律己都被当作衡量一个人道德修养的标准。不能正其身，如何正人？现在我们身处的世界真的很复杂，有无数的新奇和诱惑，如何正确地对待它们关系到我们的一生。来自网络的纷繁复杂，来自现实的五花八门，都让人难以应对。所以，自律非常重要。保证不做第一次就是一种拒绝，就是一种自我保护。

——魏东波 2017.8.15

学生感悟

自律是修身立志成大事者必须具备的能力和条件。自律就是你被迫行动前，有勇气自动去做你必须做的事情。在日常生活中，时时提醒自己要自律，同时你也可以有意识地培养自律精神。千万不要纵容自己，给自己找借口。对自己严格一点，时间长了，自律便会成为一种习惯。

——罗文娟 2017.8.15

学生感悟

越是自律意识强的人，越是知道自己想要什么，且能为之而努力奋斗。严格要求自己，努力做到最好。

——赖丽云 2017.8.15

每日一句
不被思想所束缚，不以制度为捆绑，从教育的本质出发，根据学生的特点，从不同的面去教育引导学生。道理要少讲，也不要盲目给他们建议。多倾听，多换位，人的转变不是一时的，需要时间。不要轻易去贴标签，多做对学生有实际意义的事情，真正了解他们的需要。从学生中来，到学生中去，做学生需要的辅导员，而不是做道德的绑架者。 辅导员：郭凤臣　日期：2017.8.16

学生感悟

不被传统束缚。

——谢欣 2017.8.16

每日一句
每个人的性格中，都有些无法让人接受的部分，再美好的人也一样。所以不要苛求别人，也不要埋怨自己。 辅导员：郭凤臣　日期：2017.8.18

学生感悟

我们来自各个省份，聚集在同一个校园、同一个教室，每个人都有自己的性格、自己的脾气、自己最介意的事，每个人都不一样。我们生活在这个大家庭中，就应该相互包容，相互体谅，团结互助，携手共进。

——王丽慧 2017.8.18

学生感悟

每个人的性格中，都有些无法让人接受的部分，再美好的人也一样。所以不要苛求别人，也不要埋怨自己。包容身边你觉得好和不好的人的性格和缺点。人没有完美的，再好的人身上也有缺点。不要苛求十全十美，每个人的性格都不是完美的，我们要理解别人不好的地方并试着去接纳它。

——王佳宁 2017.8.18

学生感悟

该来的都会来，该走的全会走，曾经觉得一发不可收拾的事情，现在看来也只是过眼云烟。每个人的性格都不同，再美好的人也有不被他人认可的时候。一个人不需要太多人懂，有人懂就好。你不懂我也没什么，就是有点小失望。不苛求别人，不埋怨自己。玫瑰有刺，因为是玫瑰。

——孟秋月 2017.8.18

学生感悟

一个真正有内涵的人，从来不会那么自以为是，只顾自己的感受，于他人面前唐突冒进，盲目地出头甚至张扬跋扈！他的修养会告诉他何为进退有度。逞能一时，不能逞能一世，勇敢适度，是一种落落大方，如果勇敢过度，就会显得目中无人。

——邱林 2017.8.18

学生感悟

每个人都是不一样的，性格不同，做出的选择也不同，己所不欲，勿施于人。

——范天乐 2017.8.18

学生感悟

通过这句话，我明白，每个人都有优点和缺点，没有十全十美的人。我们不要自己能做到就要求别人也做到，不要过分苛刻地强迫自己，尽最大的努力做好自己就好。

——汪彩凤 2017.8.18

学生感悟

存在的都是合理的，每个人的存在都有其价值所在。我们的社会只有在矛盾中才能前进，不断向文明迈进。个人而言，无须太多自责，无须太多悲哀，只要我们对自己有一个理性的定位思考，知道比别人在工作方面缺少哪些能力，我们只需默默地努力，用心去工作，用心去对待家人和朋友，一切都是很美好的！

——周瑾 2017.8.18

学生感悟

这个世界上所有的人，都没有你所有的思想。每个人都是独立的人，都有自己的思想，并没有优劣之分，只有适合与否。没必要与谁作比较，但是要保证每天超越自己。

——刘蕴熙 2017.8.18

学生感悟

有些人总抱怨谁让他不开心，谁让他的生活过得很痛苦。其实如果你不给自己添烦恼，别人永远也不可能给你添烦恼。无论遭遇多大的困难，都不要逃避或颓废，而要诚心诚意地服从一切定然。

——张婉婷 2017.8.18

每日一句
俗话说："人非圣贤，孰能无过？"但是又有多少人能做到绝对的体谅？不单单是为自己考虑，更要站在别人的角度去看待问题。 　　事出有因，不要轻易说出自认为不疼不痒的批判，因为事情没发生在你身上。把负面情绪全部倾泻在最亲近的人身上，是最愚蠢的行为。 　　　　　　　　　　　　　　　　　　　辅导员：郭凤臣　日期：2017.8.19

学生感悟

不要被情绪左右。

——李祎 2017.8.19

每日一句
对生活抱有激情。高情商的人不是没有烦恼，而是他们会将关注点转移，保持对生活的激情。如果你在抱怨每天千篇一律的工作把你压得透不过气，就大胆地辞职，寻找你要的快乐；如果做不到，那就收起那些抱怨，好好对待自己，好好对待生活，这都是你的选择。 　　　　　　　　　　　　　　　　　　　辅导员：郭凤臣　日期：2017.8.20

学生感悟

对自己好点。

——李祎 2017.8.20

每日一句

早成者未必有成，晚达者未必不达。不可以年少而自恃，不可以年老而自弃。

辅导员：郭凤臣　日期：2017.8.21

学生感悟

成功的道路充满了荆棘和坎坷，没有人能随随便便成功。通往成功的路上是漆黑的、孤独的，但只要心中有一盏灯永远亮着，再带上你的勇气大胆去闯，就能走到最后。谁是胜利者还未可知！早成者未必有成，晚达者未必不达。不可以年少而自恃，不可以年老而自弃。

——程扬威 2017.8.21

每日一句

有时候我遇到一个人，感觉他非常有意思，印象深刻。但后来就再也碰不上了，人生就是这样。

辅导员：郭凤臣　日期：2017.8.22

学生感悟

是啊，有些人注定就只是你人生里的过客，他来过，也留下了什么，可是后来就再也碰不上了。回忆亦是这样，有些人、有些事给了你独特的感觉、独特的记忆，美好的、懵懂的、兴奋的、难过的、宝贵的，可要走的终究留不住。把握现在，珍惜身边的每份相遇，也只能这样了。

——王彤彤 2017.8.22

学生感悟

人生本来如此，和有意思的人在一起很有意思，但人生肯定会碰到没意思的人。人生最怕的就是和你内心觉得没意思的人一起装作很有意思的样子，那样你的人生真就没意思了。看过许多人失去了自己，看过许多人戴上了面具，那种人生不值一提。希望大家万里挑一，希望还可以保持原本的脾性。

——陈文杰 2017.8.22

学生感悟

人生所有的努力，无非两种结果，见笑或者见效。做好遇见前者的准备，做好遇见后者的从容。

——丰悦 2017.8.22

学生感悟

人生奇妙，总在不经意间就能遇见可能改变自己一生命运的人。有意思的人会在不经意间就出现。所以你要每天都用饱满的心情去面对每一个人，搞不好，他就是你的有缘人。别因为一张臭脸吓跑了你的有缘人。

——谢玥 2017.8.22

每日一句

度过美好的大学生活，是每一个同学心中的渴望。而怎样才能度过美好的大学生活呢？这就要从寝室开始。寝室是你走向社会的第一个家，在寝室和几个小伙伴相处得如何，能不能找到"家"的感觉，这直接影响你的心情。若是没有好的心情，又能愿意做什么事呢？

辅导员：郭凤臣　日期：2017.8.23

学生感悟

把寝室当成家。

——王岩 2017.8.23

每日一句

寝室是"公共空间"，不是某个同学的"私人领地"，由不得任你的性子来。不能你想什么时候关灯就什么时候关灯；你想什么时候起床就什么时候起床。公共空间要有公共秩序，需要大家共同来维护。这个"公共秩序"就是学校的管理规定。不要把时间都"浪费"在这合不合理，那应不应该上，要学会遵守、学会适应。大家即将走向社会，大学是大家"准社会化"的最后一个过程，寝室就是大家"准社会化"过程当中的重要实践场所。今天你能够适应寝室的管理，明天你就会适应社会的秩序。千万记住，一定是你"服从"寝室，而不是寝室"服从"你；一定是你适应社会，而不是社会适应你。你别无选择。

辅导员：郭凤臣　日期：2017.8.24

学生感悟

什么都是你去适应，而不是别人适应你。

——李祎 2017.8.24

劳动创造了物质财富，更创造了精神财富，劳动创造了一切。让我们珍惜劳动成果，为更好的明天而努力。

辅导员：郭凤臣　日期：2017.8.25

学生感悟

劳动使人聪慧，劳动给人快乐。它能洗刷人们思想上的灰尘，它能除掉人们灵魂上的污垢，使人变得崇高，使人变得伟大。正是劳动本身构成了你追求的幸福的主要因素，任何不是靠辛勤努力而获得的享受，很快就会变得枯燥无聊，索然无味。

——赵雅男 2017.8.25

学生感悟

劳动在创造物质财富的同时，更让人获得可贵的精神财富。因为心中有着对各种物质的欲望及远大的理想，所以让人产生无限的追求动力，就会夜以继日地奋力拼搏，不停地付出劳动，努力实现拥有，这就是劳动给我们带来的。有的人是为了憧憬的生活而劳动，有的人是为了功名而劳动，有的人是为了成就自己的事业而劳动，有的人是为了实现自己的梦想而劳动，有的人则是为了帮助他人而劳动。不管追求的目标是什么，但可以肯定的是，劳动就是实现拥有的根本。

——邱艺杰 2017.8.25

节约是中华民族的传统美德，我们提倡节约，更要践行节约。通过这次搬寝工作，看到了很多同学很浪费。大家要珍惜财富，因为创造是多么的不容易。

辅导员：郭凤臣　日期：2017.8.26

学生感悟

勤俭节约是中华民族的传统美德，也是一种习惯，需要培养。节约不仅指节约物品，能源的节约也同样重要。随手关灯、关水龙头，纸张双面使用，少用电梯、多爬楼梯，少用一次性筷子，不用纸质贺卡，多循环用水，这些都是勤俭节约的好习惯。不要让世界上的最后一滴水变成我们自己的眼泪。

——魏来 2017.8.26

学生感悟

古人提倡勤俭节约，对于抑制统治阶级的奢侈、浪费有着积极的意义。勤俭节约也是发展中国家尽快实现现代化和富强的必由之路。中华人民共和国成立以来的发展实践充分说明了"勤俭节约、反对浪费"在促进社会主义经济建设和增强国家综合实力等方面发挥了极其重要的作用；而一旦兴起浪费、奢靡之风，则会给国家和人民造成重大的经济损失。勤俭节约是现代财政监督的思想根源。以史为鉴，警钟长鸣，任何时候都不能忘记勤俭节约是中华民族的传统美德。

——王雅琼 2017.8.26

学生感悟

勤俭节约是中华民族的传统美德，无论家里的收入高低，无论有多富裕，我们都应该勤俭节约。我们要从现在做起，从生活中的点点滴滴做起，养成勤俭节约的习惯。在物质不富裕的过去，需要勤俭节约；在生活水平不断提高的今天，也不能丢掉勤俭节约的品质。

——李梦琪 2017.8.26

学生感悟

勤俭节约不仅适用于金钱问题，也适用于生活中的每一件事，从明智地使用一个人的时间、精力，到养成精打细算的生活习惯。勤俭节约意味着科学地管理自己的时间与金钱，意味着明智地利用我们一生所拥有的资源。

——杜亚楠 2017.8.26

每日一句
帮助别人，快乐自己，帮助别人就是在帮助自己。大家一起努力，共建互敬互爱、互帮互助的良好氛围。 　　　　　　　　　　　　　　　　　辅导员：郭凤臣　日期：2017.8.27

学生感悟

做一个有爱的人。

——谢欣 2017.8.27

每日一句
当你心疼一个人的时候，爱，已经住进了你的心里。爱是一种心疼，只有心疼才是发自最内心的感受。温柔可以伪装，浪漫可以制造，美丽可以修饰，只有心疼才是最原始的情感。 　　　　　　　　　　　　　　　　　辅导员：郭凤臣　日期：2017.8.28

学生感悟

学会心疼别人，也心疼自己。

——李祎 2017.8.28

每日一句

习惯的养成很重要。从一个假期的休息后重新回到学知识的课堂，应快速地转变和适应。坚持21天就会养成一个真正的好习惯。

辅导员：郭凤臣　日期：2017.8.30

学生感悟

"行为变成了习惯，习惯养成了性格，性格决定命运。"原来命运的基石就是养成习惯的行为。"习惯"就是一点一滴，循环往复。好的习惯，坏的习惯莫不如此，只是结果不同。关键的一步是要马上行动起来。

——张之敏 2017.8.30

学生感悟

习惯真是一种顽强而巨大的力量，它可以主宰人的一生。任何一件微不足道的小事，都能反映出一个人的意识与性情。养成好习惯，就等于培养了一个人的意识与性情。播下一种行为，收获一种习惯；播下一种习惯，收获一种性格；播下一种性格，收获一种人生。

——王彪 2017.8.30

每日一句

坚持，坚持，再坚持，不管做什么事情都是这样。可能你坚持一下就过去了，收到了一个意想不到的效果。当别人都在努力和勤奋时，你却在游戏人生，这样你就越落越远。当别人考过四六级，接到研究生录取通知书，接到工作录用通知时，你又在做什么呢？这就是差距的来源。

辅导员：郭凤臣　日期：2017.8.31

学生感悟

一切都得从头做起，从不会到会的过程中会面临很多的不适应，但只要坚持下来你就会收获很多。

坚信自己想做的只要去做总会干得更好。只要你踏出这一步，并且熬过最初那段艰难的时刻，你就能收获胜利的果实，就能在成功的路上再前进一步。

——张欣宇 2017.8.31

学生感悟

世间有一种财富，它看不到也摸不着，但它似耀眼的剑刺破迷茫的天，如磅礴的水冲开前方的困难，又像崎岖的路引你走向胜利的彼岸。它就是坚持。

——倪培瀚 2017.8.31

学生感悟

你正在为自己的未来打拼，也许有时候会感觉看不到尽头，但你要相信，经过了这一段努力，你想要的，岁月统统都会给你。任何值得去的地方，都没有捷径。

——李玉婷 2017.8.31

学生感悟

面对自己的弱点，我们不能说放弃。也许自己很是差劲，但我们仍应该坚持到底。就像成晓诗说的那样，每个人最大的敌人不是别人，而是自己。如果自己放弃了，便是输了，如果自己坚持，即便是倒数第一，也是赢了。不怕困难，坚持到底。坚信坚持就是胜利。

——林娜 2017.8.31

2017 年 9 月
——陪伴

陪伴是最长情的告白！我们有一份幸福来自父母，他们给我们一个温暖的家，给我们无微不至的关怀，给我们关怀备至的问候，给我们最伟大、最无私的爱，因为有他们，我们才会成长，才会长大，才会有幸福与欢笑。人的一生，有这样的陪伴是必需的，有这样的陪伴是幸福的，是满足的！父母的生活重心在于我们，陪伴父母的一天其实就是玩乐的一天！一直说害怕自己老去，不是怕面对容颜的衰老，而是怕父母会逐渐年迈。可是，人的衰老又是不得不面对的现实。唯有在有限的生命里，在父母健在的每一天，我们能多一些时间，多一些空间，给予父母力所能及的赡养，给予双亲力所能及的心灵陪伴。要知道，父母在，家就在。

我们有一个依靠来自家庭，它承载着一家人的喜怒哀乐，所有的悲欢离合。它是父母以及我们的子女依靠的地方。不管在哪里受伤，不管在哪里受委屈，只要回到家，所有的烦恼、所有的悲伤都会悄悄撤离。它很伟大，所以我们会努力，把它变得越来越完美，越来越温馨、幸福。因为有它的陪伴，我们的人生路程会得到很大的安稳！"门前老树长新芽，院里枯木又开花。半生存了多少话，藏进了满头白发……时间都去哪儿了，还没好好看看你眼睛就花了。柴米油盐半辈子，转眼就只剩下满脸的皱纹了……"再多的惦念与物质回报，也不及守在身边的陪伴来得实在。幸福其实很简单，陪伴父母就是幸福。

其实，父母是最容易"满足"的。帮着父母收拾屋子、洗刷碗筷、细心讲解电器功能和使用方法，聊天时不做"低头族"、魂不守舍……这些细节都足以让父母宽慰良多。而年轻人陪父母唠唠嗑，与爸妈多吃几顿饭，听听长辈的甜蜜与忧伤，聊聊自己的欢喜与惆怅，愁肠百结也能就此解开。家，也才能真正成为每个人出发与归宿的支点。

每日一句

总结暑假得失，列好期初计划，启动行程马达，收获成功喜悦，这就是 2017 年下半年我对大家的寄语。

辅导员：郭凤臣　　日期：2017.9.1

学生感悟

做好自己的规划。

——谢欣 2017.9.1

每日一句

当学生干部真有"好处"吗？这要看你理解的"好处"是什么了。像提到的评优、入党、保研、择业，你把这些看成是"好处"的话，或许也是些"好处"，但是这还不是当学生干部的真正"好处"所在。如果你当学生干部就是为了这样一些追求的话，那么你不仅不能永远占有这些"好处"，更可能失去更多的"好处"。

辅导员：郭凤臣　　日期：2017.9.2

学生感悟

当学生干部是一种锻炼，是一种责任，是一种信仰。

——李祎 2017.9.2

每日一句

所谓压力，其实是自身的能力不足；所谓困难，其实是自己的本事不够。

现在的我们不配喊累，因为我们一无所有。把委屈和泪水都咽下去，输不起就不要输，死不了就站起来，告诉所有看不起你的人：我很好。

辅导员：郭凤臣　　日期：2017.9.3

学生感悟

压力大是因为能力不足，所以感觉做不过来；很多事无法左右，那是因为自己没有本事，所以不能输，也不敢输，因为一旦输了就会一败涂地。我管不着别人的事情，但是我管得了自己，所以我不能在我自己该拼搏的年纪沉迷于自己的幻想，沉迷在互联网带给我的虚拟快乐之中。乐是一时的，而到中年的时候难免不会因为碌碌无为而悔恨、哀叹，感慨自己年少时的所作所为。

——毕海迪 2017.9.3

学生感悟

活着不是靠泪水博取同情，而是靠汗水赢得掌声。命运要你成长的时候，总会安排一些让你不顺心的人或事刺激你。与其违心赔笑，不如一人安静；低质量的社交不如高质量的独处。

——罗文娟 2017.9.3

学生感悟

中国民间有一句谚语："井无压力不出油，人无压力胡乱飘。"压力是人生的燃料，因此无法逃避。生活有时因压力而精彩，有时却因同样的事物深陷泥潭。放平心中的砝码，化压力为动力，这样去迎接世界，世界才会最终选择你。

——邵敏 2017.9.3

学生感悟

谁不会有压力？谁活得轻松？不要总是把自己的无能当成你不想做事情的借口。信口开河，随口一说，谁都可以，但真正的自己只有自己知道。你到底怎么样，只有你自己知道。你到底是不是废物，那要靠你自己发觉。

——谢玥 2017.9.3

学生感悟

首先要保持好的心态，积极面对学习上的烦恼和难题，如果压力太大，可以学会自我调节，以适当的方式宣泄自己内心的不快和抑郁，以解除心理压抑和精神紧张。尽量避免好高骛远，要踏踏实实地学习，善于自我调节，有张有弛。具体地，可以做感兴趣的事，如看电影、逛街、聊天、听音乐，释放压力，或是找个没人的地方大声地喊叫，把不良情绪宣泄出去，减轻压力。开怀大笑是消除精神压力的最佳方法。最重要的是你要改变你的认知，尽量保持好的心态。在大学期间有压力是正常的事情，压力是一个人成长的动力，一个人成功的动力！正确对待压力，学会正确处理压力！

——吕小倩 2017.9.3

学生感悟

与其对别人违心赔笑，不如一个人安静；其实低质量的社交并不如高质量的自我独处。不要像个颓废的落难者，告诉所有人你遭遇到的不幸。总有一天你会明白，你的委屈一定要独自消化，你的故事不用逢人就讲。真正理解你的没有几个，大多数人只会站在他们自己的立场，偷看你的笑话。你能做的就是，把秘密藏起来，然后一步一步变得更强大。出门在外，不论别人给你热脸还是冷脸，都没关系。外面的世界，尊重的是背景，而非人本身。朋友之间，不论热脸还是冷脸，也都没关系。真正的交情，交的是内心，而非脸色。不必过于在意人与人之间一些表面的情绪。"挚交之人不需要，泛交之人用不着。"用力活出自己的样子，做最美的自己。

——王响辉 2017.9.3

学生感悟

老师说的这些话，感同身受。真的输不起就不要去做，但是做就要做到底。不拼命怎么会赢呢？不可能，对吧！不要说自己不行，不要说我不会。我必须学会，必须行，所以相信自己，经常给自己加油、打气，我是最棒的。

——范天乐 2017. 9. 3

学生感悟

生活和工作之中要是没有一点压力，那么动力就会慢慢地减弱。同时，喜悦的成就感也会慢慢失去了原有的味道！做点有压力的事情会让自己很有成就感，同时也会体现自己的存在价值。但选择压力的时候也要根据自己的实际情况，不要轻易选择压力太大的事情，要不然，失败的感觉和心情会影响原有的生活和工作！

——罗文娟 2017. 9. 3

学生感悟

在一定程度上来说，压力对我们是好的，没有压力就没有动力。感到压力说明我们的能力还有所不足，为做到更好还需继续努力。所以现在的我们要努力学习，在以后做个成功的人。

——孟昭君 2017. 9. 3

学生感悟

耳不闻人之非，目不视人之短，口不言人之过。所谓压力，其实是自身的能力不足。所谓困难，其实是自己的本事不够。活着不是靠泪水博得同情，而是靠汗水赢得掌声！

——周瑾 2017. 9. 3

学生感悟

通过这句话我明白，你之所以感到压力，是你自身不够优秀。压力都是源于自身，而自己条件的提高取决于你的努力，你不努力，有什么理由说累？

——汪彩凤 2017. 9. 3

每日一句

教育是一个良心活，特别是对于辅导员来说，好与不好，不能单凭一两件事情。我们在考察学生的时候，也是这样。通常情况下，做教育引导工作，要晓之以理，动之以情，慢条斯理。任何时候，都要静下心来，说事拉理，用真心给学生营造一个良好的教育氛围，用正能量给学生树立做人做事的标杆。只有心中始终装着学生，才能赢得尊敬，才能在思政这条路上越走越远。

辅导员：郭凤臣　　日期：2017. 9. 4

传递正能量。

——李祎 2017.9.4

每日一句

成年人必须明白一个道理：少一点矫情，多一点努力。你想过的那种生活得自己去挣。现在你不努力过上自己想要的生活，那以后你就会花更多的时间去应付自己不想要的生活。

辅导员：郭凤臣　日期：2017.9.5

学生感悟

金钱是刚需，可能大学一年级还不太理解，到了现在……我们需要合理使用父母给的生活费，更需要在这个幸运的年纪储存资金，方便以后。

——杜海龙 2017.9.5

学生感悟

做一个俗人，一身正气。自己喜欢的东西太贵，所以要努力赚钱。都是第一次做人，要做一个有趣的人，要做一个善良的人，因为别人也是第一次呢。

——朱彤 2017.9.5

每日一句

孔子说得好："父母在，不远游，游必有方。"就算父母不在，为了对家人负责，也为了保护自己，你远游之前最好把已经决定的行程告诉家人（或朋友），其中要包括每个地方最可能联络到你的方式。即使你完全不订旅馆，是背包流浪的那种，也应该选择几个必定会经过的处所。

辅导员：郭凤臣　日期：2017.9.6

学生感悟

多关心父母，多打打电话。

——李祎 2017.9.6

每日一句

决心走一条路的时候，就不要左顾右盼，风景再美也别流连。你应当清楚自己的目的地，你应当清楚你心如钢铁地追求的东西是什么、在哪里，时不时给自己提个醒。

辅导员：郭凤臣　日期：2017.9.7

学生感悟

树立自己的目标或者理想之后，就要坚定不移地为之努力。尽管在努力的过程中会经历失败，会彷徨、伤心、绝望，依然要坚定地走下去，这就是理想对于一个人的意义。努力的过程以及成功后回首的喜悦，是最宝贵、最感动、最有意义的东西。告诉自己，你到底想要什么。

——王佳宁 2017.9.7

学生感悟

不得不承认，人们肯奋斗，总是需要一些动力。而我现阶段努力，只是为了两个月后让父母能更硬气一点。我也愿意，再多努力一点。你不努力，他们怎么过得好？

——杨寅奇 2017.9.7

学生感悟

我不去想是否能够成功，既然选择了远方，便只顾风雨兼程。

——李梦瑀 2017.9.7

学生感悟

你的目标是什么，你要确定，一旦确定了，就要一直走下去。走的时候一路上会出现很多诱惑或者其他困难，但是要坚持初心，不时提醒自己："我的梦想才是最正确的。"（但是很多时候你的目标也不是正确的，你在确定自己的目标是错误的时候就要从新选择了。）

——李祎 2017.9.7

学生感悟

所谓压力，其实是自身的能力不足；所谓困难，其实是自己的本事不够。现在的我们不配喊累，因为我们一无所有。把委屈和泪水都咽下去，输不起就不要输，死不了就站起来，告诉所有看不起你的人：我很好。正所谓，没有压力就没有动力，所以在我们的生活中，压力是必不可少的。

——刘雪剑 2017.9.7

每日一句
要学会感恩，感恩一生曾经帮助和教育过你的人，感恩国家，感恩党，感恩学校，感恩家庭，感恩身边的人。
辅导员：郭凤臣　日期：2017.9.8

学生感悟

感恩是小德，忘恩是大恶。生活中，总会有许多事情影响着我们的情绪，或喜，或忧，于是，选择用一种什么样的心态去面对生活，也就选择了过什么样的生活。心怀感恩，幸福才会常在。快乐属于知足者，幸福属于感恩者。糊涂是一种世事洞明的智慧，是风霜雨雪、坎坷跌宕之后的顿悟；是一种心怀远大、举重若轻的谋略；是一种淡泊名利、泰然安详的人生境界。小事糊涂，大事明澈是人生的至高境界。

——李思敏 2017.9.8

学生感悟

感恩使我们在失败时看到差距，在不幸时得到慰藉、获得温暖，激发我们挑战困难的勇气，进而获取前进的动力。就像罗斯福那样，换一种角度去看待人生的失意与不幸，对生活时时怀有一颗感恩的心，则能使自己永远保持健康的心态、完美的人格和进取的信念。感恩不纯粹是一种心理安慰，也不是对现实的逃避，更不是阿 Q 的精神胜利法。感恩是一种歌唱生活的方式，它来自对生活的热爱与希望。

——魏东波 2017.9.8

学生感悟

感恩是积极向上的思考和谦卑的态度，它是自发性的行为。当一个人懂得感恩时，便会将感恩化作一种充满爱意的行动，实践于生活中。一颗感恩的心就是一颗和平的种子，因为感恩不是简单的报恩，它是一种责任，是自立、自尊和追求阳光人生的精神境界。

——屈志伟 2017.9.8

学生感悟

读过郭老师的话后，对于感恩，我有一种久违的感觉。长久以来，我一直带着一颗渴求拥有之心负重而行。我渴求财富，渴求成功，渴求拥有幸福，渴求荣耀，渴求自己想要的一切……我总是在渴求，却淡漠了所拥有的一切和为得到而付出的努力以及亲人朋友的无私帮助，只有对未来的无限渴求而忘记了对今天的感恩。

——刘凯 2017.9.8

学生感悟

仔细想想，我们何尝不是为生活中的小事头疼？当事情过去，回过头再看看，简直是不值一提。包容，大度，又有多少人能够做到？确定好自己追求的目标，有计划地完成，努力、不放弃，这样也许你就会觉得其他的事都是小事。不要在你的计划里添加没必要的烦恼，有时候，开心、平和的心态比失落、紧张的心态更有利于实现目标。

——王丽慧 2017.9.8

学生感悟

有目标的人在感恩，没目标的人在抱怨。如果你正在埋怨命运不眷顾你，那请记住：命，是失败者的借口；运，是成功者的谦辞。命虽由天定，但埋怨只是懦弱的表现；努力，才是人生的态度！放下你的浮躁，放下你的懒惰，放下你的三分钟热度，放空你禁不住诱惑的大脑，放松你容易被任何事物吸引的眼睛，放淡你什么都想聊两句的嘴巴，静下心来好好做你该做的事，该好好努力了！有时候真的努力后，你会发现自己要比想象中优秀很多。

——李梦琪 2017.9.8

学生感悟

感恩生活，不是总向世俗妥协，而是坚定自己的梦想，并为之努力付出。突然觉得那句话说得很好：别人帮你是好心，不帮你是情理之中。要学会感恩，感恩身边还有可以信任、给予你温暖的人。你不为别人挡风遮雨，谁会把你举在头上？人家把全部的重量托付给了我，我还计较什么泥里水里的？学会感恩，学会付出，学会包容，学会担当，全世界都会为你让路！

——孟秋月 2017.9.8

学生感悟

真正的幸福属于感恩者，真正的光明属于感恩者，美好的未来属于感恩者。不懂感恩的人心中无爱，不懂感恩的人从不忏悔，不懂感恩的人缺少人性，不懂感恩的人只有一头栽在权、钱、名的罪恶泥坑，永远没有机会去往生命的高层空间。用点滴的心去品味生活，用感恩的心去环视周遭。心中常存感激，心路才能越走越宽。

——王雅琼 2017.9.8

学生感悟

因为活着，所以我们应该感恩，如果没有感恩，活着等于死去。要在感恩中活着，感恩赋予我们生命的父母，感恩给予我们知识的老师，感恩提供给我们学习环境的学校，感恩帮助、关心和爱护我们的那些人，感恩我们的祖国，感恩大自然……感恩地活着，你才会发觉世界是如此美好。

——刘紫薇 2017.9.8

学生感悟

存一颗感恩的心，去看待我们正在经历的人生。悉心呵护身边的生命，使其免遭创伤。感恩生命，为了报答生命的给予，我们实在不应该轻视和浪费每人仅有一次的生命历程，浪费青春，一生庸庸碌碌，而应该达到新的高度，体现出价值，让生命变得更有意义，让生活变得更精彩。

——张婉婷 2017.9.8

学生感悟

感恩是一种处世哲学，也是生活中的大智慧。一个智慧的人，不应该为自己没有的东西斤斤计较，也不应该一味地索取，使自己的私欲膨胀。学会感恩，为自己已有的而庆幸，感谢生活给予你的一切。这样你才会有一个积极的人生观，才会有一种健康的心态。

——尹文赫 2017.9.8

学生感悟

静夜，轻梳记忆，浅写流年的芬芳，美好的往事在心间盈然，辛勤的汗水，洒落一路的芬芳，感谢携手相伴的文友们的支持和厚爱，感谢一路勉励赞赏的伙伴共度的美好时光。一句问候很暖源于心间，一句关怀很真来自心间，真挚的情感像涓涓的清泉，缓缓流入人的心扉。

——李兰兰 2017.9.8

学生感悟

有些人感觉身边帮助自己的人太少，欲感恩而找不到对象，而我却以为要感谢的人太多，从养育我的父母，到教导我的老师，从帮助过我的朋友，到保护我们安全的警察……太多太多的人是我需要感恩的对象。一定要懂得感恩。

——桂圆 2017.9.8

学生感悟

我们要学会感恩，懂得知恩图报，不忘恩负义。滴水之恩当涌泉相报。学会感恩，懂得给别人机会就是给自己机会。赠人玫瑰，手有余香。今天拉人一把，明天陷入困境也会有人拉自己一把。生活是一面镜子，学会感恩，对生活时时保持微笑，生活也会还你以微笑。

——杜雅楠 2017.9.8

学生感悟

要学会感恩，感恩一生中曾经帮助和教育过你的人。感恩国家，感恩父母，感恩党，感恩学校。感恩是一种生活态度，是一种品德。假如人与人之间缺乏感恩，必然会导致人际关系的冷淡。所以，每个人都应该学会"感恩"。如果你还没有学会感恩，那么试着多爱别人一点，慢慢地，慢慢地，你就会发现，其实感恩很简单、很美好，这时你就已经懂得了感恩。

——陈树彬 2017.9.8

每日一句
今天又迎来了一批学弟和学妹，希望大家作出表率和榜样，相信榜样的力量能带动和教育一批人。
辅导员：郭凤臣　　日期：2017.9.9

学生感悟

做一个好的榜样。

——谢欣 2017.9.9

每日一句

教学界有这么一句话："孩子的心是块古怪的土地，播上思维的种子就会取得做法的收成；播上做法的种子就会取得习气的收成；播上习气的种子就会取得道德的收成；播上道德的种子就会取得命运的收成。"

辅导员：郭凤臣　日期：2017.9.11

每日一句

行动是打败焦虑的最好办法。当你不知道该做什么的时候，就把手头的每件小事都做好；当你不知道该怎么开始时，就把离你最近的那件事情做好。

辅导员：郭凤臣　日期：2017.9.12

学生感悟

你的遇事慌乱、抱怨、一脸苦相、不敢扛事儿、推脱、找借口、逻辑不清、没有反馈、不拘小节、不动脑、不走心的举动都会出卖你；阳光、沉稳、乐观、抗击打、思路清晰、勇于奉献、耐得住寂寞、不怕犯错、有进步、打鸡血的每一天会成就连自己都惊讶的未来。

——李玉婷 2017.9.12

学生感悟

有想法就要付诸行动。这个世界上不缺少有想法的人，却缺少有做法的人。而且，最缺少的是在一条路上风雨兼程用心走到最后的人。行动的关键在于动，只有动起来才行。

——魏来 2017.9.12

学生感悟

那些忙碌的人，他们的时间都花在努力上，那些太闲的人，他们的时间都花在无病呻吟上。行动起来的时候会发现最好的人生就是读书、热爱生活、懂得生活、健康生活。每日多一点努力，把最近的那件事做好。6 点起床，早 15 分钟到班级，每天至少看十几页书，每天至少对一个陌生人微笑，对一个人赞美。

——赵亚楠 2017.9.12

真行动者，确有未来。在三思而行的基础上，行动的力量越强，成功的概率越高，成功的把握越大，行动的结果越好。成功者需要强有力的行动，没有行动，永远不会成功。

——林娜 2017. 9. 12

学生感悟

没有有效的行动，多么好的想法都是痴想。

——郭行通 2017. 9. 12

每日一句

真正成熟的人由两部分组成：一半是对美好的追求，一半是对残缺的包容。

辅导员：郭凤臣　日期：2017. 9. 14

学生感悟

追求美好是每个人的本能。认识不完美的自己是每个人要面对的事情。包容自己，追求提升，学会用动态的思想认识变化，用演化的思想认识生活，学会用残缺的自己追赶完美的理想。

——刘蕴熙 2017. 9. 14

学生感悟

成长是一种经历，成熟是一种阅历。每个人都会成长，但不是每个人都会成熟。成熟的人，不为得而狂喜，不为失而痛悲，竭心尽力之后，坦然接受而已；成熟的人，不因功成名就而目中无人，也不因寂寂无闻而卑躬屈膝。保持一颗平淡的心，不卑不亢地生活。成熟的人，能够担当，懂得感恩，心静气和，淡定从容。

——程扬威 2017. 9. 14

学生感悟

人生有梦想，有现实。去寻找那个平衡点，生活就可能生动地活着。

——刘小兵 2017. 9. 14

每日一句

大学里一定要做与众不同的自己。别人不愿意做的事你一定要做，而且要坚持下去。总有一天机会是留给你的。

辅导员：郭凤臣　日期：2017. 9. 15

学生感悟

大学里一定要做与众不同的自己，平凡可贵，但特立独行才是更有价值的。尤其作为服装学子，越平凡，越平淡，越平庸。

——沈岚泽 2017.9.15

学生感悟

自己决定一切，做你想做的人，这就是成功的基础。要从小事做起，你想成为什么样的人，就用什么样的标准来要求自己。既然想做就一定要坚持，从点滴的细节做起，我们要给自己制定一个目标，每天向着这个目标努力前进。让时间成为你走向成功的阶梯，越过重重障碍和阻力，达到成功的彼岸。做一个让自己感到骄傲的人。

——李明月 2017.9.15

学生感悟

大学生要有自己的性格，自己的风格，自己的独特，不要看任何人的眼色而决定自己的行动。努力让自己变优秀，变得更强大，更有知识力，更有独特性，更出众。

——刘凡星 2017.9.15

每日一句
寝室是你表演的舞台。寝室虽小却会影响你的人生，寝室虽小却连着大千世界。寝室是你培养良好品德的处所，是折射你内心世界的地方。 　　　　　　　　　　　　　　　　　　　辅导员：郭凤臣　日期：2017.9.16

学生感悟

不要在寝室待着，出去走走！

——陈文杰 2017.9.16

每日一句
不要把在家的不好习惯带到寝室。同居一室难免出现不和谐的声音。培养爱劳动的习惯从整理寝室内务开始。不要把"功夫"下在寝室管理的规定合不合理上。培养团队精神要先和寝室同学处好。 　　　　　　　　　　　　　　　　　　　辅导员：郭凤臣　日期：2017.9.17

学生感悟

总是回眸时我们才会发现，美好的生命全部浪费在一个又一个的"明天"里，所有的诗和远方都被消耗在一个又一个的"计划"里。为何总是理想丰满、现实骨感？原因大概就在于，你缺少一些行动力。提高自己的行动力，不要过于寄希望于外部。外部的力量终究是外力，内部催生出来的力量才能源源不断地获得。那些我们所认为的遥不可及的东西，其实离我们无比之近。

——樊启媛 2017.9.17

学生感悟

保持寝室卫生，有一个舒适的生活环境会改变一天的生活状态。在寝室里，不抽烟、不喝酒，不大声喧哗。和室友多少会有一点意见不合，沟通就好了。共建最美寝室，幸福生活你我他。

——赵雅男 2017.9.17

每日一句

86年的时间沉淀，可能会让仇恨变淡，但绝不会让历史的痕迹消失，哪怕一点的忘怀，都是对中国历史和中华民族的背叛！就在这一天，中国用行动告诉日本，告诉全世界，中国人永远不会忘记！这是警醒国人，勿忘国耻，勿忘国殇，吾辈自强！

九一八！

向抗日英雄先烈，致敬！

向历经磨难的中国人民，致敬！

向砥砺前行的中国，致敬！

辅导员：郭凤臣　日期：2017.9.18

每日一句

先把寝室里的公益事情做好。理解、谦让、包容、互助、自觉应是你和寝室同学相处的准则。同住一个寝室，共筑一个"家庭"。许多优秀的品质都是从干寝室里的"杂活"开始培养的。寝室这个公共场合需要公共秩序。

辅导员：郭凤臣　日期：2017.9.19

每日一句

自觉是你和寝室同学和睦相处的基础。寝室是否温馨在于你是否用心。在寝室你已不再是家里的"明珠"。你只有去掉在家的光环，才会成为寝室真正的一分子。别忘了寝室里还有其他人的存在。

辅导员：郭凤臣　日期：2017.9.20

学生感悟

用心与每个人相处。

——李祎 2017.9.20

每日一句

要有多大的缘分你们才能住到一起？你考虑好了，若是夜里患了急病，谁送你去医院？寝室虽小，却是你社会化的起点。你知道有的用人单位将面试安排在寝室了吗？一个连私人空间都弄得乱糟糟的人，怎能让人信任呢？

辅导员：郭凤臣　日期：2017.9.21

学生感悟

信任是人与人之间的桥梁。

——李祎 2017.9.21

每日一句

把寝室只作为睡觉的地方未免窄化了寝室的功能。不能把寝室这个家弄得乱七八糟。只有好好珍惜才能对得起在一起的缘分。你在寝室扫地的次数和你未来成功的概率成正比。室友是大学里离你最近的亲人和朋友。

辅导员：郭凤臣　日期：2017.9.23

每日一句

健康是一举多得的好事。健身"浪费"的时间会加倍"还"给你。健康喜欢与运动结伴。身体是最"功利"的，你对它怎样，它就对你怎样。许多老年疾病"得于"现在。

辅导员：郭凤臣　日期：2017.9.24

学生感悟

有心人和无心人都会在最善意的心底里藏悟：占据人生中第一位的是健康。其中不乏名人、明星、资深巨头和亿万富翁。于是，就有了抗拒病魔的凄美故事，有了悲欢离合的真实写照，有太多的拥有和不拥有，所为和不所为。

——陈文杰 2017.9.24

学生感悟

拥有健康的身体比什么都重要，如果没有健康的身体什么都做不了。要爱惜自己的身体，按时吃一日三餐，不要做对身体不好的事情。

——刘倩含 2017.9.24

每日一句
生命在于运动。安排好吃早饭的时间。健体真正是"功"在当代，"利"在千秋。心情与健康有关。不要用健康换"财富"。 　　　　　　　　　　　　　　　　　　　辅导员：郭凤臣　　日期：2017.9.25

学生感悟

　　生命在于运动，合理健康的运动比任何保健品都有效果。运动在于锻炼，锻炼贵在坚持，坚持就是胜利。早睡早起，规划好自己的时间，多做锻炼，例如跑步、打球、游泳等。锻炼身体贵在坚持，坚持做一件事也是一种进步。身体是革命的本钱，有了好身体，有了好心情，也能更好地走好自己未来的每一步。

——王立新 2017.9.25

学生感悟

　　至失败者倒下的时候，生命又怎能屹立！歪歪斜斜的身影，又怎耐得住风雨的洗礼！你若有一个不屈的灵魂，脚下才会有一方坚实的土地。昨天的失败已经过去，胜利不仅是一个美好的话题。

——倪培瀚 2017.9.25

每日一句
畅游"学海"需要强健的体魄，最"误事"的是疾病。身体垮了，你的大学梦就碎了。生活的美好包含健康的身体。锻炼身体也是为父母省心。锻炼身体可"因陋就简"。刻意"苗条"有损健康。身体不适莫硬挺着。有些疾病运动可以治疗。 　　　　　　　　　　　　　　　　　　　辅导员：郭凤臣　　日期：2017.9.26

每日一句
锻炼身体不要装样子。健康最"讨厌"懒惰；健康的身体需要"日积月累"。运动有助于"减肥"，但减肥不是运动的目的。 　　　　　　　　　　　　　　　　　　　辅导员：郭凤臣　　日期：2017.9.27

每日一句

自制力强的人，都不会很差，能坚持早起，能坚持锻炼，能坚持读书，不会消耗自己的时间去和人家争论，不会浪费太多精力去讨好无关的人。

辅导员：郭凤臣　日期：2017.9.28

每日一句

身体不好就去锻炼，没钱就努力去赚。别把窘境迁怒于别人，唯一可以抱怨的，只是不够努力的自己。从现在开始，不留余力地努力吧，最差的结果，也不过是大器晚成。

辅导员：郭凤臣　日期：2017.9.29

学生感悟

牛羊才会成群，狮虎总是独行。既选择远方，必砥砺前行。

——张之敏 2017.9.28

学生感悟

身体不好就去锻炼，没钱就努力去赚。所有的一切都要靠自己去完成，埋怨自己与抱怨别人都解决不了问题。现在开始努力，多年后你一定会感谢当时拼命的自己。

——王彪 2017.9.29

学生感悟

在这个纷繁复杂、物欲横流的社会里，免不了有这样那样的烦恼、伤痛和疲惫。生活苦，是因为欲望过多让心态失衡；工作累，更多的是因工作之外的内容。急躁没有意义，只要去做，做一件会少一些。有些东西谁也逃不掉，除了面对，别无选择。应学着进行自我心态调整，让自己始终对生活保持一种积极的态度！人生是一条只能往前的路，就算布满荆棘我们也必须一直走下去，因为我们身后的路早已断成悬崖，你要么前进要么掉落深渊！成功的道路不一定是一帆风顺的，经过的坎坷可以磨炼你的意志，使你变得更强大！我们要感谢挫折，是它们使我们的人生更加丰富多彩。不要抱怨任何人、任何事，要怪就怪不够努力的自己。

——陈雪鹏 2017.9.29

学生感悟

花一样的年纪，本就应该去努力，怎么能像花落的样子。不成功，只能是自己不够努力。"哪里有天才，我只是把别人喝咖啡的时间用在了读书上。"从现在开始不留余力地努力吧！

——谷恬 2017.9.29

每日一句

人的认识发展，第一阶段是认识的感性阶段，看到事物的表象、事物的各个面以及事物的外部联系；第二阶段是论理的认识，看到事物全体的、本质的、内部联系的东西。对于客观世界，就是基于实践的由浅入深地认识；而对于我们自身，则是基于经历的由低到高的过程。

辅导员：郭凤臣　日期：2017.9.30

学生感悟

当你看到一件事情时，你不能总是看到事物的表面现象，而是要透过表象去挖掘它更深层的本质。不断实践、不断提高自身修养，为了自己的理想目标而奋斗！

——赖丽云 2017.9.30

学生感悟

只有努力向着自己向往的方向去做，才有机会实现自己所想的。凡事只能靠自己，虽然无法选择自己的出身，却可以用自己的努力决定自己的位置和下一代的起点。

——王彪 2017.9.30

学生感悟

我们所走过的每一步路，都将成为往事。请你相信，无论是热切的期待，还是深情的追忆，我们所唱过的每一首歌，都不会转瞬消失。就如同罗莎·卢森堡所言："无论我走到哪里，只要我活着，天空、云彩和生命的美，都将与我同在！"诗人徐鲁所要阐述的其实就是一个人心灵的述说。

——芦越 2017.9.30

2017 年 10 月

——勇气与自信

　　要想自己的能力得到别人的认可，首先就应具备自信心；要想自己的事业取得成功，就应相信自己，相信自己的力量，相信自己的目标是正确的。要有自信心，通过自己的努力实现目标。有自信的人能获得比别人更多的机会。一个人如果没有自信心，在还没去做某件事之前就可能把自己的才能埋没了，缺乏自信乃是失败的原因。正如富兰克林说："一个人失败的最大原因，就是对于自己的能力永远不敢充分地信任，甚至自己认为必败无疑。"

　　一个充满自信的人不会因为别人的一句话而改变自己的想法。充满自信的人不会因为自己的一次失败而对自己没有信心，不相信自己的能力，放弃成功的机会。自信的人永不放弃，他们知道，唯有经得起风雨及种种考验的人才是最后的胜利者。充满自信，为自己加分。每天给自己一个微笑，把内心的压力作为力量的源泉，把昨天的泪水砌成今天成功的阶梯。有信心的人，遇到挫折一笑而过，不会拿别人的错误惩罚自己。一花凋零，荒芜不了整个春天；一星陨落，暗淡不了灿烂星空；一次风暴，摧毁不了我们快乐的心情。

　　因此，我们要做一个有自信心的人，提高自信心，超越自卑，相信自己是最棒的！

大学是人类文明的宝库。大学就是爱国的产物。你未来的40年受大学4年影响最大。大学不是游乐场，是你走向幸福的重要阶梯。

辅导员：郭凤臣　日期：2017.10.1

学生感悟

大学是探究未知世界的场所。具有好奇心的年轻人与致力于探究未知世界的教师结成共同体，大家志同道合，在满足好奇心的过程中推动人的发展和社会的发展，这样的职能是其他社会机构无法替代的。大学是年轻人交往的地方。大学把四面八方、有着各种文化背景、生活体验与经历各不相同的学生汇聚起来，让年轻人相互交往并且相互学习，为每一个学习者提供发现不同交往伙伴的机会，这是一个人成长中极宝贵的财富。

——魏来 2017.10.1

每日一句

你需要用脚走平大学这条并不平坦的路。大学不会天然实现你的梦想，也许你的梦想还会在大学里泯灭。弄懂大学、大学生和人生间的关系。

辅导员：郭凤臣　日期：2017.10.2

学生感悟

大学没有高中时想象的自由，还是必须学习知识和技能，因为我们出去以后步入的是社会，必须用能力去证明自己。

——刘倩含 2017.10.2

每日一句

大学生的称谓是由你的文明诠释的。蔡元培先生为什么说"大学不能让那些抱有个人目的的人来使用"？哈佛大学为什么将"真理"二字写在校徽上？你就是描绘大学这张图画的人。大学是"明明德"的地方。

辅导员：郭凤臣　日期：2017.10.3

学生感悟

上了大学后，我认识到每个学生都能学得不错，都能保持平均分数以上的成绩，而且也能对所学内容领会透彻。课程并非很难，因为目标不是在没有任何帮助的情况下自学，也不是拿你完全不理解的测验考你。只要获得了中学文凭或同等学力，凡是对上大学有兴趣的学生应该都能获得成功。

——李兰兰 2017. 10. 3

每日一句

你应当为"修身、齐家、治国、平天下"而来。对大学最好的"尊重"就是把自己培养成有尊严的人。大学会因学子的优秀而变得崇高。离开大学这个"考场"时你能得多少分呢？大学生要有个大学生样。

辅导员：郭凤臣　日期：2017. 10. 4

学生感悟

管理好自己。

——李祎 2017. 10. 4

每日一句

年岁有加，并非垂老；理想丢弃，方堕暮年。如果你不能接受自己的平庸，那么请从自律开始，自我改变；如果你不能接受自己的平庸，那么就从阅读开始改变自己吧！

辅导员：郭凤臣　日期：2017. 10. 5

学生感悟

余秋雨说："阅读的最大理由是摆脱平庸。"平庸是一种被动而又功利的谋生态度。平庸者什么也不缺，只是无感于外部世界的精彩、人类历史的厚重、终极道义的神圣、生命含义的丰富。阅读是认识另一个世界的途径，是感知历史、感知心灵的最好方式。学会阅读，你就比别人更加优秀。

——孟秋月 2017. 10. 5

学生感悟

理想是生命的燃料。人到了没有理想的时候，也就是生命完全衰竭的时候。没有理想的生活是暗淡的、贫乏的、空虚的。大学生要对生活热情期望，要有勇敢追求和执着的信念，将大学生活化作青春的遗产留在心中。人一定要有理想，并且要为之不断努力。追梦是一种过程，一种必须逐渐建立的生活习惯，同时也是一种"活在当下"的感觉。谁说你要放弃一切才能追梦？别再怨理想与面包相阻碍，其实阻碍你追求理想的，不是你手头食而无味、弃之可惜的面包，而是自己的牺牲。

——孟昭君 2017. 10. 5

学生感悟

沉不下心看书，沉不下心做事，就尝试着自己往外掏一点东西。在发现自己掏不出什么的时候，就知道自己要做什么了。来得快的东西往往去得也快，欲戴王冠，必承其重。

——刘蕴熙 2017. 10. 5

学生感悟

自律，换而言之，就是严于律己。它是与监督相对立的，是更强调自我约束和自觉规范的一种意识。自律，就是要在思想、品德、行为上从严要求自己。古人云：君子责己，小人责人。从古至今，严于律己都被视作衡量一个人道德修养的标准。

——魏东波 2017. 10. 5

学生感悟

我大学一年级特别散漫，像缺水许久的鱼儿游进了水里，像旱地里的庄稼遇上一场甘霖，新鲜、好奇、快乐是第一位的。大学二年级开始知道自己想要什么，不想要的东西看都懒得再看一眼，想要的东西想方设法都要去追，不会后悔，不会嫌累。做自己想做的，想自己想想的。

——陈文杰 2017. 10. 5

学生感悟

解决人生问题的首要方案，乃是自律，缺少了这一环，你不可能解决任何麻烦和困难。局部的自律只能解决局部的问题，完整的自律才能解决所有的问题。勇于承担责任，敢于面对困难，才能使心灵变得健康。自律是解决人生问题的首要工具，也是消除人生痛苦的重要手段。通过自律，我们就知道在面对问题时，如何以坚毅、果敢的态度，从学习与成长中获得益处。

——李梦瑀 2017. 10. 5

学生感悟

如果总在一种被要求的环境下学习和生活，我们是很难进步的，所以我们应该学会约束自己，要求自己，控制自己的不良行为，去做一些好的事情。毕达哥拉斯说过：不能约束自己的人不能称为自由的人。我们的自律并不是让一大堆规章制度来层层地束缚自己，而是用自律的行动创造一种井然的秩序来为我们的学习生活争取更大的自由。

——屈志伟 2017. 10. 5

每日一句
人要有一颗愿意挑战的心，有一个喜欢探索的心态，学着做一些没做过的事，尝试见一些没见过的人，试着在生活中发现一些精彩。

辅导员：郭凤臣　日期：2017. 10. 6

学生感悟

人生是在进行着无数次入围与淘汰的比赛，无论入围还是淘汰，都应该有一份超越自我之心，挑战自我之心，战胜自我之心，以及一份不甘落后、顽强拼搏的精神。

——吕小倩 2017. 10. 6

学生感悟

运气永远不可能持续一辈子，能帮助你持续一辈子的东西只有你个人的能力。人生在世，最重要的不是自己处境如何，而是你如何看待自己的处境。你战胜苦难，它就是你的财富；苦难战胜你，它就是你的屈辱。不要放弃自己，勇敢地接受生命的挑战。有一天我们可以老死、病死、穷死，但绝不要允许自己失望而死，消极而死！

——邵敏 2017. 10. 6

学生感悟

每个人都是慢慢地成熟，最后看清这个世界的伪装。可你还是要相信，这个世界的美好总要多过阴暗，还有很多事，值得你一直努力下去。要尝试接触新的事物，接触新的人，去做些你没有做过的事，这样你会看见不一样的结果，做什么事情，要坚持不懈，这样才会有结果。有时候，心态也会决定一切，保持好心态，会有不一样的精彩。

——王畅 2017. 10. 6

学生感悟

通过这句话我明白了人生会遇到很多障碍，这些障碍就像阻挡我们的布帘子，我们要勇敢地掀起它。无论昨天、今天、明天，只要心中有梦永远是春天；船停在码头是最安全的，但那不是造船的目的；人待在家里是最舒服的，但那不是人生的追求。回首过往你会发现，最清晰的脚印，往往印在最泥泞的道路上。放松心态，努力前行，不辜负每一天！不管阴天、雨天、晴天，只要有好心情永远是艳阳天。生活就是这样，有时只要鼓足勇气迈出一步，一切都会变得比先前想象的好。

——赖丽云 2017. 10. 6

学生感悟

每个人心里都有墙，甚至每个人都有属于自己的围城，就像每个远行的人，也都记得回家的路。不过，人的区别不过是围城的大小而已。

人应该要有一颗愿意挑战的心，有一个喜欢探索的心态，学着做一些没做过的事，尝试见一些没见过的人，试着在生活中埋一些彩蛋。

世界上还有这么多人奋力去追求着自由，而我们已经有了这么自由的躯体，为何不去努力拆掉思维里的墙，自由地飞出去看看这世界的模样。

——邱艺杰 2017. 10. 6

学生感悟

人生就是一个不断尝试的过程，为什么有的人不能成功，注定一生平庸？因为他们一生都不敢尝试！过着保守、观望和等待的生活，最后面临的结局就是碌碌无为，或者贫困潦倒！

——林娜 2017. 10. 6

学生感悟

人生本来就有坎坎坷坷，哪怕你能力巨大但战胜不了自己也无济于事，所以首先要解决自己，学会改变并提升自己，相信努力就会成功，但也不要逃避失败。所谓迷茫，就是能力配不上梦想；大事干不了，小事不肯干；不想做手边的事，只想做天边的事。解除迷茫，就从小事做起，从身边的事情做起。能力不是从做大事得来的，而是从这些不起眼的小事中锻炼出来的。

——樊啟媛 2017. 10. 6

学生感悟

成功要有一个过程，就看你敢不敢迈开你的腿，大步向前走。去发现，去探索，去尝试，去挑战。不去试一试你怎么知道你不行？不去试一试你怎么知道你不会？不去试一试你怎么知道你会失败？如果你永远不去挑战，你将会永远不知道成功的滋味。发现了，探索了，尝试了，挑战了，成功的精彩才会发生在你身上。

——邻琳 2017. 10. 6

每日一句
从小事上看行动，从行动上看结果，从高度上看思考，从表现上看问题，从理论上看实践。<div align="right">辅导员：郭凤臣　日期：2017. 10. 7</div>

学生感悟

做一个全面发展的人。

——李祎 2017. 10. 7

每日一句
志是锁定目标，坚韧持久直至成功的内心和行为的总和。古今中外，成事者必有志，有志者事竟成。<div align="right">辅导员：郭凤臣　日期：2017. 10. 8</div>

学生感悟

人贵有志，有志者事竟成。一个有志气的人，是没有克服不了的困难的。古人云："廉者不受嗟来之食。"跪着来钱虽然有时很容易，但得到金钱的同时却失去了做人的尊严，失去了许多金钱买不到的东西。我们在不断追求、奋斗的过程中，必定会遇到困难和挫折，有时可能会放弃自己的信念，进而不思进取。其实，人生中的困难是难免的，关键是有志气，相信有志者事竟成，只有这样，人生才会更加有意义。

——许镱凡 2017.10.8

学生感悟

"傲不可长，欲不可纵，乐不可极，志不可满。"这是唐代政治家魏徵告诫自己的话，同时也是为了勉励他人。做人，任何时候都不能滋长骄傲自满的情绪，放纵自己的贪念和欲望。取乐不可逾越分寸，不可跨越极限。追求志向是好事，但切忌苛求完美，而要留好空间。取得成绩，自然信心满满。要静得下心、守得住神，要谦虚温谨，不要飘飘然，不要自以为是，有时小膨胀也会付出大代价。

——毕海迪 2017.10.8

每日一句
没人会看在你是新人的份上就轻易原谅你的过失，也没有人会因为你是女生而照顾你，你不是世界的中心。从另一个角度来说，你迷茫的路别人也迷茫过，他们成功的路你也可以踏上去。关键在于利用好大学时光，多积累优势，少怨天尤人。 　　　　　　　　　　　　　　　　　辅导员：郭凤臣　日期：2017.10.9

学生感悟

热爱生活，热爱自己。

——王岩 2017.10.9

每日一句
大学里一定要让自己忙碌起来，做别人不做的事情，做与众不同的自己。少在寝室里待着，多去图书馆，多参与活动，多读书。 　　　　　　　　　　　　　　　　　辅导员：郭凤臣　日期：2017.10.10

学生感悟

梦想是人生最大的动力，是人生路上伴着你一直到终点的最美的风景。它教你学会，没人心疼也要坚强，没人鼓掌也要飞翔，没人欣赏也要芬芳。最后让我们一起喊出：年轻的我们在路上！

——高熙然 2017.10.10

当你看到别人不舒服或反感时，请换个角度来看，结果就会变得不一样了。不要光想着别人的不好，还要想到别人的好。

辅导员：郭凤臣　日期：2017.10.11

学生感悟

当我们爱别人的时候，我们也希望别人爱我们。在这世上，有些人值得你对他好，有些人不值得。并非每个人都懂得感恩，都会领你的情。在生活里，你常会发现，对一个人越好的时候，她反倒会觉得理所当然，非但不回报，还态度恶劣。所以，对人好也要分人。感恩的，就给她更多；不感恩的，就离她更远。

——陈树彬 2017.10.11

你现在的位置并不重要，重要的是你前进和努力的方向。

辅导员：郭凤臣　日期：2017.10.12

学生感悟

说实话，现在的我们没有什么成就，也没有多大的能力，我们还只是在追梦的少年，还没有真正地踏入社会，所以现在的位置并不会决定未来的方向。如果现在足够努力，哪怕以后的路并不是一帆风顺，我们也无悔，因为我们努力过。重要的是过程，重要的是内心的那股力量，重要的是我们的满腔热血。现在我们都在同一起跑线上，不管你是985大学生还是专科学生，我们都是二十出头的青少年，我们的路还很长、很远。享受现在，享受青春，无悔青春才是我们要做的。态度决定高度，保持一颗上进的心，享受我们拼搏岁月的风霜，这无疑是我们一生比位置还要宝贵的财富。珍惜当下，努力拼搏，不悔青春！

——王彤彤 2017.10.12

学生感悟

为了自己想要的未来，要相信，挺过这段难熬的时间，一切都会好起来的，所以必须满怀信心地坚持下去。给自己一个新的起点，现在的你站在什么位置并不重要，重要的是前进的方向。迈出一步就会离梦想近一步！

——赵亚楠 2017.10.12

学生感悟

眼下所在的位置仅仅表示现在你所处何处，但是没有什么能够保障你永久占据当前的位置。设定了目标，就表示有了前进的方向，也就有了前进的动力。且不管结果如何，也不问过程如何，我们在前进的时候就明白我们离自己的目标越来越近，心就会越来越充实，动力不会衰竭，人生也就不会沉闷。能够达到设定的目标，那是最好；就算是没有完全达到目标，至少我们也享受了整个过程，也不会后悔说："我怎么连尝试也未曾尝试过呢？"

——罗文娟 2017. 10. 12

每日一句

若不抽出时间来创造自己想要的生活，你最终将不得不花费大量的时间来应付自己不想要的生活。

辅导员：郭凤臣　　日期：2017. 10. 13

学生感悟

都说心是一个人的翅膀，心有多大，世界就有多大。可是我想说的是，很多时候限制我们的，不是周遭的环境，也不是他人的言行，而是我们自己，一个连梦想都不知道是什么的自己。很多时候说要好好管理自己的时间，可是忽然发现，自己会被一些莫名其妙的东西吸引，因为自己不知道想要什么，这才是最恐怖的事。

——王响辉 2017. 10. 13

学生感悟

你未规划未来，也未储备能力，没有对美好生活的狂热追求，没有做好迎接明天的准备，你残忍地抛弃了这个世界，世界只好残忍地抛弃你。

——沈岚泽 2017. 10. 13

学生感悟

自己应该有一个长远且有意义的目标和定位，通过不断坚持和努力最终达成人生理想；反之，得过且过混日子的话，经常会遇到各式各样的困惑和不如意，因为没有长远的计划和打算，所以每每会弄得自己焦头烂额。

——王佳宁 2017. 10. 13

学生感悟

对大多数人来说，追求自己的理想才能有机会实现物质的富裕。理想生活不是卡带，你唱完了这一面还可以随时切换成另一面。而当我们跑得越快的时候，就越没有办法确认，我们是否在朝着正确的方向奔跑。

——马烨超 2017. 10. 13

记住别人的好处，叫感恩；忘记别人的不好，叫宽容。

懂得感恩和宽容的人，才会生活得非常快乐。

每天清晨要用微笑迎接崭新的一天。

其实，人要看轻自己，少一些自我，多一些换位。最美的风景，不在终点，而在路上；最美的人，不在外表，而在心里。让人生所有的遇见，都成为一种美好！让我们一起感恩遇见！

辅导员：郭凤臣　日期：2017. 10. 14

学生感悟

快乐属于知足者，幸福属于感恩者。用平常心对待生命的每一天，用感恩心对待眼前的每一个人，快乐就会不请自来。懂得感恩的人，遇到祸也可能变成福；只知抱怨的人，碰上福也可能变成祸。顺境中学会感恩，逆境中心存喜乐。幸福的秘诀，就是不抱怨过去，不迷茫未来，感恩现在！

懂得宽容，人生的路才会越走越宽。宽容他人，也是给自己留有余地。如果你能付出一片绿叶，就能收获整个春天；如果你能容下一点瑕疵，就能得到一块美玉。怀着一颗宽容的心去生活，再拥挤的世界也会变得无限宽广，再平凡的人生也会变得充满阳光！

——王立新 2017. 10. 14

不想接受父母指定的人生，自己又不知道该往哪儿走。

面对别人的意见，总有无数个理由去反驳，觉得别人不懂自己，就这样一天一天，一年一年，干等着时间给自己一个明确的答案。

最终，这样的人还是或向父母妥协，或走上别人选剩下的路。

哪怕人云亦云去干了和大多数人同样的事，也不过是想在人潮中获得一点短暂的安全感。最后一个大浪而过，少数人上岸，而这样的人依旧会被砸在地上，像潮水一样退去，蒸发，也不会再有人记得。每个人都应该对自己的人生主动负责，而不是麻木等待。

辅导员：郭凤臣　日期：2017. 10. 15

学生感悟

拥有自己的最真实的想法。

——李祎 2017. 10. 15

每日一句

挫折因"体质"不同所产生的"杀伤力"也不同。

遇到不平的路可以放慢些脚步。曾经的挫折是人生的调味剂，经历过挫折才能品尝到幸福的味道。把挫折铺垫成你成功的路石。

辅导员：郭凤臣　日期：2017.10.16

学生感悟

有理想的人能在逆境中看到希望，在黑暗中看到光明。因为他认为逆境只是过渡，黑暗也只是一时的过程。人的一生不可能总是风平浪静、一帆风顺的，难免会遇到各种挫折和不幸。当挫折和不幸降临到我们身上的时候，不要悲伤，不要难过。我们应该用积极的、正确的态度应对，分析原因，寻找解决问题的方法，而不是整天沉浸在挫折来临的难过情绪中无法自拔，自暴自弃。因"体质"的不同，反应就会不同，在人生的道路上，谁都会遇到困难和挫折。战胜了，你就是英雄，就是生活的强者。古话说："天将降大任于斯人也，必先苦其心志，劳其筋骨，饿其体肤，空乏其身，行拂乱其所为，所以动心忍性，曾益其所不能。"亦有"吾志所向，一往无前，愈挫愈勇，再接再厉"。

——陈雪鹏 2017.10.16

每日一句

网络是提供给我们自己进行支配的一种工具，千万不要颠倒主从关系，为其所控。人不要成为网络的牺牲品，不要成为它的奴隶。

辅导员：郭凤臣　日期：2017.10.17

学生感悟

现在，绝大多数的知识可以从网络上获得。但网络也是恶性信息的来源。我们应该把网络用在对的方面，提高我们的生活质量。

——谷恬 2017.10.17

每日一句

我们伟大的党给我们描绘了伟大的蓝图，我们作为大学生应该更加努力地去为这张蓝图而努力，中国梦是我们这一代的，更是青年这一代的。

辅导员：郭凤臣　日期：2017.10.18

学习党的精神。

——钟桂东 2017. 10. 18

每日一句
青年兴则国家兴，青年强则国家强。青年一代有理想、有本领、有担当，国家就有前途，民族就有希望。中国梦是历史的、现实的，也是未来的；是我们这一代的，更是青年一代的。中华民族伟大复兴的中国梦终将在一代代青年的接力奋斗中变成现实。全党要关心和爱护青年，为他们实现人生精彩搭建舞台。广大青年要坚定理想信念，志存高远，脚踏实地，勇做时代的弄潮儿，在实现中国梦的生动实践中放飞青春梦想，在为人民利益的不懈奋斗中书写人生华章！<div align="right">辅导员：郭凤臣　日期：2017. 10. 19</div>

学生感悟

为了中华民族伟大复兴而努力奋斗。

——李祎 2017. 10. 19

每日一句
青年兴则国家兴，青年强则国家强。我们党自建立之日起，就始终代表广大青年、赢得广大青年、依靠广大青年。<div align="right">辅导员：郭凤臣　日期：2017. 10. 20</div>

学生感悟

我们这一代更要努力。

——钟桂东 2017. 10. 20

每日一句
唐僧每次都这样介绍自己：贫僧唐三藏，从东土大唐而来，去往西天取经。 　　这3句话包含了每个人都要问自己的三个问题：我是谁？我从哪里来？我要到哪里去？ 　　清楚自己是谁（定位），从哪里来（不忘本），要到哪里去（信念和方向）。 　　成功的路上，没有捷径。那些登上巅峰的人，从来都是守护初心，坚持梦想，从不放弃的人。<div align="right">辅导员：郭凤臣　日期：2017. 10. 21</div>

每日一句

1. 课堂不是你获取知识的唯一地方。

2. 不要只带着脑子上课。

3. 上课要带上笔和纸。

4. 跟着老师的思路走。

5. 尽量坐到前排。

6. 离老师远了容易分神。

7. 不要贪婪地拥抱所有的课程。

8. 改掉上课吃零食的毛病。

9. 认为没有用的知识到时候就有用了。

10. 认真听课也是对老师的尊重。

11. 和老师做好互动。

12. 你不上课还上大学干什么？

13. 对老师的讲授有意见可以课下交流。

14. 认真听课是掌握知识的最佳途径。

15. 上课前最好预习一下。

16. 课堂越宽松越需要你的自律。

17. 认真听讲可以培养你的专注力。

18. 翘课玩游戏是最不划算的行为。

19. 好学生从不翘课。

20. 今天的缺课会导致你明天的"缺位"。

21. 不要错过课上发言的机会。

22. 学到能挑出老师错误的程度。

23. 课上学的许多知识需要你课下去消化。

24. 认真听了，老师讲得就顺耳了。

25. 有不负责的老师，你要做对自己负责的学生。

26. 课堂讨论可以畅所欲言，但要防止中伤他人。

27. 学分不能成为你选课的唯一标准。

28. 难耐的时间是由你没听进去造成的。

29. 课课相扣，不要中断任何一节课。

30. 认真上课会取得"事半功倍"的效果。

（接下页）

31. 提前到教室。

32. 上课是你的主业。

33. 让懒惰离上课远些。

34. 上课是你自己的事。

35. 有事请假。

36. 总是低头就挺不直腰板啦。

37. 上课玩手机如同"赔了夫人又折兵"。

——摘自曲建武老师的文章。

辅导员：郭凤臣　日期：2017.10.22

每日一句

1. 你的遗憾是你总是遗憾。

2. 过去的事情就让它过去吧。

3. 为明天活着。

4. 有些事本不值得你遗憾。

5. 有些事根本不是什么遗憾。

6. 没谈过恋爱算什么遗憾？

7. 你的遗憾是看书太少。

8. 你的遗憾是你本不该留有遗憾。

9. 遗憾太多你就无法弥补遗憾了。

10. 死而无憾，那是因为从来没有过遗憾。

11. 付出多了就没有遗憾了。

12. 你有过那么多的遗憾还不清楚怎样才不遗憾？

13. 大学不能成为你的遗憾之地。

14. 有些遗憾是不可弥补的。

15. 恐怕大学难免会留下遗憾。

16. 你要做的是尽量少留下遗憾。

17. 唉声叹气对遗憾没有疗效。

18. 恐怕不考研会成为你的遗憾。

19. 没入党也应当是你的一个遗憾。

20. 没有体味"学霸"的滋味应当是个遗憾。

21. 从现在开始"谢绝"遗憾的看望。

（接下页）

22. 既然有了遗憾，那就正确地面对。

23. 尽力了也就没有什么遗憾了。

24. 狂傲过后便是遗憾。

25. 错失良机会终身遗憾。

26. 不留遗憾就要付诸行动。

27. 还没准备好就毕业了不能不是一种遗憾。

28. 最遗憾的是你怎么能忘了你为什么上大学？

29. 只懂科技不懂人文不是遗憾吗？

——摘自曲建武老师的文章。

辅导员：郭凤臣　日期：2017.10.23

每日一句

在一个普遍没有雅量的环境里，尽量避免评价别人，因为彼此都不配。践行这个道理后，你就可以享受因此节省出来的时间了。

辅导员：郭凤臣　日期：2017.10.24

每日一句

人应该有敬畏之心。一个人有了敬畏之心，才能自觉约束自我，不做出格越轨之事。古语云："凡善怕者，心身有所正，言有所规，纠有所止，偶有逾矩，亦不出大格。"

辅导员：郭凤臣　日期：2017.10.25

学生感悟

对于帮助过你的人要心存敬畏。

——吕小倩 2017.10.25

每日一句

要成就一些事就必须舍弃另外一些事，舍不得你所拥有的，就得不到更好的！改变，也许会痛苦一阵子；不改变，就可能痛苦一辈子！

辅导员：郭凤臣　日期：2017.10.26

学生感悟

没有目标的人，只能随大流去为分数斤斤计较；有目标但不知取舍的人，会彷徨于分数和目标之间；只有坚定和懂得取舍的人，才能有一个明确、自在、自主的人生。你做一个明确、坚定、懂得放弃的人，就能获得一份自在轻松。

——张婉婷 2017.10.26

每日一句

不要总是计划，总是空想，要开始做，从身边的事做起，从小事做起，一天 5 个单词，10 天 50 个单词，100 天 500 个单词，贵在坚持，坚持多久决定了你离成功多远。

辅导员：郭凤臣　日期：2017.10.27

学生感悟

《人生最大的失败就是光说不练》一书中说道："行动是衡量一个人优秀与否的标准。"有行动，就说明他是一个明智的人，懂得什么才是人生；不行动，就说明他是一个愚昧的人，最终会萎靡死亡。因此，人生最大的失败是光说不练。努力做一件事的话，这个过程注定会艰难，也许还会很漫长，短期内也许也看不到成效。没有人能看得见整个世界的未来，不过通过自己的努力去尽量地看清自己的未来，恰恰是坚持的意义所在。

——王雅琼 2017.10.27

学生感悟

空想再美好也是空的，还不如行动来得实际些。生活中很多事情就是这样，不要总是想，不要总是计划，都说计划赶不上变化！计划是正确的，但是只有计划没有实践是空计划一场！那还不如现在马上行动！对，就是现在马上行动！所以，不如行动吧！不要想了，不要考虑了！还是想干就痛快地大干一场吧！

——刘紫微 2017.10.27

每日一句

一个人不要总祈求别人对你怎样，别人给予了你什么；相反，要问一下自己，你对别人怎样，你对别人付出多少。

辅导员：郭凤臣　日期：2017.10.28

学生感悟

我们生活在一个大家庭里，你谦我让才能相处长久，相互关爱，相互理解，让身处的环境变得融洽和睦，我想这是大家都受益匪浅的。

——王丽慧 2017.10.28

学生感悟

再穷，不要借钱去消费！再难，不要说话不算数！欠钱，一定拼命挣钱来还，还不上，要打电话让人知道你没忘。堂堂正正做人，明明白白做事，永远不要丢掉别人对你的信任。别人信任你，是你在别人心中存在价值。人生路很长、很宽，自己别把路走窄了。把人做好了，什么都会有的，永远不要透支身边的人对你的信任！失去诚信等于终生破产。

——李祎 2017.10.28

每日一句

陈寅恪："独立之精神，自由之思想"；胡适："大胆地假设，小心地求证"；孔子："三军可夺帅也，匹夫不可夺志"；李百药："宁为玉碎，不为瓦全"；范仲淹："宁鸣而死，不默而生"。

辅导员：郭凤臣　日期：2017.10.29

学生感悟

独立自主，只为更好的自己。

——王岩 2017.10.29

每日一句

孝顺对于大家来讲其实很简单，同学们在学校好好学习就是一种孝顺，别"惹是生非"就是一种孝顺；在家里听父母的话就是一种孝顺，常跟家里联系、哪怕报个平安也是一种孝顺。

辅导员：郭凤臣　日期：2017.10.30

学生感悟

树欲静而风不止，子欲养而亲不待。多找时间与父母联系，不要让他们担心我们，做到真正的孝顺。

——钟桂东 2017.10.30

每日一句

六年前出去吃饭，付现金；三年前出去吃饭，刷卡；现在出去吃饭都是扫一扫，这说明什么？这说明以后出门捡到钱的概率几乎为零，不干活，不劳动，不学习，谁也救不了你！天上不会掉馅饼，除了努力，别无他法！

辅导员：郭凤臣　日期：2017.10.31

2017 年 11 月

——财富

　　世上有许多财富，但健康应该是第一财富，因为失去了这种财富，其他所有的财富都没有依存的基础。居里夫人说过："科学的基础是健康的身体。"一个人忽视健康，就等于与自己的生命开玩笑。当今，我们生活在一个竞争激烈的时代，这个时代给奋斗者提供了广阔的天地。不少人在拼搏，但是有的人从健康"银行"里"预支"过多，以致疾病缠身，甚至累倒。但是真正的聪明人懂得如何加强自我保健，用心照料自己的身体，让自己有一个健康的身心，然后在这座"青山"上栽种"财富"的幼苗，播下"事业"的种子，再尽心尽力地耕耘、浇灌，最后收获成功的人生。

　　人生在世，有诸多财富。金钱是财富，知识是财富，健康是财富，朋友也是财富。朋友何以能够成为财富呢？朋友给你无私的帮助。但凡在事业上有所作为的人，都有这样切身的体会：认识一位有智慧的朋友，远比结交一个有钱人更能获益。朋友的一个点子，说不定能启发你；朋友的一句提醒，很可能让你免受损失。这不正是财富的体现吗！在知识经济竞争的时代，"知识创造财富"似乎已不仅是一句口号，而成为一个颠扑不破的真理！没有知识就没有创造力，没有知识就没有价值，就会被淘汰。知识是创造财富的源泉。

　　世界上有三种财富。第一类是根本财富。根本财富就是人的生命物质，即身体。第二类是必需财富。这是与身体温饱密切相关的物质财富。如吃的食物、穿的衣服、住的房子等。第三类是自然财富。这类财富与必需财富的关系最为密切。这类财富有土地、领空、海域以及其中蕴藏的人类需要的物质。

　　生活保持心情开朗，就是健康。一个人健康就不用常跑医院，不看病、不花钱就是财富。

> ## 每日一句
>
> 今天对于每一个吉林工程技术师范学院里的每个人来说是一个特殊而难忘的日子，它使我们更加团结了。只有所有人团结起来才能成大事，成就吉林梦。
>
> 辅导员：郭凤臣　日期：2017. 11. 6

学生感悟

俗话说："一根筷子易折断，一捆筷子折不断。"由此可以看出，团结就是力量。当分散的力量凝聚在一起的时候，团结的意义就体现出来了。

——王悦震 2017. 11. 6

> ## 每日一句
>
> 对于一个人的发展，自己的努力很重要，但受到高人的点拨和身边人的影响也很重要，所以要重视朋友的选择。
>
> 辅导员：郭凤臣　日期：2017. 11. 7

学生感悟

俗话说，"三人行必有我师"，你身边总会有你学习的榜样，光靠自己埋头苦干，不去学习周围人的经验优点是不行的。一个人脚踏实地固然重要，但是善于学习别人的优点，让自己进步得更快、更好才是更重要的。当然还有一句话，"近朱者赤，近墨者黑"，应该向积极向上的人群中走，才能收益更多！

——刘文俊 2017. 11. 7

学生感悟

多读书，养内涵，我们要有一个强大的灵魂。书读多了，内心才不会决堤，这与人的情商积累和阅读有关。成为一个有温度、懂情趣、会思考的人。

——高熙然 2017. 11. 7

学生感悟

我们在人生中会遇到各种各样的人，他们的出现都会带给我们一定的影响，所以我们要好好珍惜身边的朋友，也要学会和别人交朋友。他们是我们人生的一部分，会在我们以后的生活中帮到我们很多，也是我们走向成功的重要因素。

——孟昭君 2017. 11. 7

学生感悟

我觉得，人一定要学会交朋友，知道什么人该交，什么人不该交。例如，跟着苍蝇走就会找到厕所，跟着蜜蜂走就会找到花朵。跟发光的人在一起，你也会发光；跟黑暗的人在一起，你也会黑暗。和什么人在一起，就会有什么样的人生。交勤奋的朋友，你不会懒惰；交积极的朋友，你不会消沉。所以选择朋友很重要，一定要擦亮眼睛，朝正确的方向去努力。

——王畅 2017.11.7

每日一句

人要取得成功，一个重要的因素就是坚持。拿出80%的时间做20%的事情，坚持做下去，迟早会取得成绩。

辅导员：郭凤臣　日期：2017.11.8

学生感悟

中国缺的是有想法并能持之以恒将这个想法付诸实践的人。

——郭行通 2017.11.8

学生感悟

每一个内心强大的人，都咬着牙独自走过一段没人帮忙、没人支持、没人嘘寒问暖的日子。如果你能走过去，这就是你的成人礼；如果你过不去，求饶了，这就是你的无底洞。

——杨寅奇 2017.11.8

学生感悟

"坚持就会成功"，好多人都知道这句话却坚持不下来。做事缓慢，一日复一日，没有利用好时间，没有坚持不懈地充实自己。哪怕最后没有成功，坚持的过程也是值得我们回味和怀念的。

——刘倩含 2017.11.8

学生感悟

利用80%的时间做20%的事情，坚持日日如此，总会有成功的那一刻。只要你有对的目标，就算是笨鸟，先飞了就一定会有所成就，一直努力总会看到希望的！

——申佳宁 2017.11.8

学生感悟

一个人的进步与成功需要三个因素，缺一不可：先天的天赋，后天的努力，名师的指导。朋友只是后天努力里的一项因素。朋友有净友、损友之分。一个好的朋友可以让你在不积极、不上进的时候，更积极上进。而损友则是让你生活处处不顺心，平添烦恼。人可以自己决定努力，机遇会带给你名师，而朋友是相互的。远离损友，结交净友。当然，如果能有改变损友的力量则另当别论。

——吴嘉欣 2017.11.8

学生感悟

爱因斯坦说："自信是向成功迈出的第一步。"一个自信的人不会失败，因为他始终相信自己能行。我认为相信自己能行的人更容易成功！最后用一句三毛的话："一个人至少拥有一个梦想，有一个理由去坚强。心若没有栖息的地方，到哪里都是在流浪。"

——吕小倩 2017.11.8

学生感悟

在艰苦又充满欢乐的学习生涯中，没有不劳而获的好事，唯有保持着一颗平常心和永不言败的信念，经过一番磨炼，遇到困难决不放弃，迎难而上，才能成为成功者。被击倒并非最糟糕的失败，放弃尝试才是真正的失败。有些事情不是因为看到了希望才去坚持，而是因为坚持才能看到希望。贵在坚持，重在执着。

——魏东波 2017.11.8

学生感悟

世界上物质千千万，有多少是真正属于自己的？只有学过的知识、练会的技能才是你一生的陪伴，是别人无法抢走更无法剥夺的。只有不断地充实自己，才能变得有能力，才能在以后的几十年里，给父母更舒适的生活、更好的条件，才有能力爱你身边的人。

——王丽慧，2017.11.8

学生感悟

仔细想一想，好像除了日常生活必备的，没有什么事是能让我一直努力坚持做下去的。我希望在我大学三年级之前，能找到一件可以让我能努力坚持下去的事。

——王宁 2017.11.8

每日一句
1. 恋爱是一门艺术。
2. 大学里恋爱不是"必选课"。
3. 刚来大学就谈恋爱，你看好他什么了？
4. 你准备好孩子的奶粉钱了吗？
5. 一个连父母都不爱的人怎么会爱你呢？
6. 恋爱还是不要"急于求成"为好。
7. 学业的担子已经很重了，别再"随意"加上情感的担子了。
8. 不要廉价售出恋爱的"门票"。
9. 放肆的亲昵只能算作一种本能。
10. 总会有人出现在该出现的时候。

（接下页）

11. 父母"催婚"不是恋爱的理由。

12. 大学生活不是有了恋情才精彩。

13. 你的"社会年龄"恐怕还没到恋爱的"季节"。

14. 不要因恋爱荒废了学业。

15. 你怎么忍心挥霍父母的钱恋爱呢？

辅导员：郭凤臣　日期：2017.11.10

学生感悟

真正的爱情是两个人彼此关怀、彼此温暖的过程，这里面有相互的担当、信任、妥协、尊重……也是人要立足于社会想要摆脱孤独的一种社交行为，是要找个可以慰藉心灵的伙伴。

——钟桂东 2017.11.10

学生感悟

好好爱自己，提升自己，才有能力去爱别人，让别人爱。

——王莉婧 2017.11.10

学生感悟

不同的时代对爱情的理解和追求是不同的。现在的大学生，对爱情再也不用羞涩地遮遮掩掩、躲躲藏藏了，他们可以落落大方地接受爱的呼唤。随着大学生思想意识的不断解放，主动投身爱情的人数也呈上升的趋势。在紧张忙碌的学习之余，同学们精心地把握爱的机会，大胆地表露爱的心迹，温馨地体验爱的经历。

——邵敏 2017.11.10

每日一句

大学生活就像每天吃饭一样，再美味的吃食天天享用都有腻的时候，中间总要穿插一些粗茶淡饭，这样的大学生活才有味道。我愿意做你吃食当中的一道咸菜。

辅导员：郭凤臣　日期：2017.11.11

每日一句

凡事提前10分钟，会让你有充裕的时间应对可能发生的突发状况，更加从容地解决问题。试着把起床闹钟提前10分钟，你就会发现你出门不必匆匆忙忙，早餐也可以慢慢享用，一整天也更精神抖擞。

辅导员：郭凤臣　日期：2017.11.12

学生感悟

要有准备提前时间量的习惯，不至于所有事情都在匆忙之中完成，还无法保证质量。

——刘凡星 2017. 11. 12

学生感悟

提前 10 分钟出门，就算路上堵车也不必着急。提前 10 分钟，你会一整天精神抖擞。

——陈树彬 2017. 11. 12

每日一句

工作前梳理，工作后整理。工作之前，把一天要做的事按重要和紧急两个维度列出四象限，先完成重要且紧急的事。每完成一项就打个钩，保证今日事今日毕。工作结束之后再进行整理回顾，看看哪些地方还可以提高效率。

辅导员：郭凤臣　日期：2017. 11. 13

学生感悟

今日事要今日完成，及时回顾。

——谢玥 2017. 11. 13

每日一句

遇事少抱怨

抱怨是一种很负能量的行为，只能让人过过嘴瘾。给自己的平庸找一个外界因素作为借口，并不会改变你的处境。所以请不要抱怨，并远离爱抱怨的人。如果不满意现状，就努力改进。

辅导员：郭凤臣　日期：2017. 11. 14

学生感悟

在这个世界上，没有绝对的对与错。同一件事，由于立场不同，往往观点和做法也会不同。当你觉得受了委屈时，不妨从另一个角度思考一下，不要因为别人的一个不得已，而去斤斤计较。以德报怨，宽容他人，也真真正正地体现了一个人良好的人格修养。

——邱林 2017. 11. 14

学生感悟

通过这句话我明白，遇到事情要冷静处理，不要总是抱怨。抱怨不仅让自己焦急，还会给别人带去负能量。遇到事情我们要想想自己身上的不足，及时改正自己。你之所以会抱怨，是因为你没有能力，因为自己还不够好。我们应该时刻完善自己，而不要总是给自己找理由。

——汪彩凤 2017. 11. 14

学生感悟

调整心态，宠辱不惊，处之泰然，失之安然。把心放宽，不要因一些小事情就与人计较。改变你能改变的，接受你不能改变的。不要想无用的抱怨，做些有用的改变，无法改变就只能接受！

——尹文赫 2017. 11. 14

学生感悟

人生是一个面对问题并解决问题的过程。问题能启发我们的智慧，激发我们的勇气。为解决问题而付出努力，能使思想不断成熟。富兰克林说："唯有痛苦才会带来教益。"

——李梦瑀 2017. 11. 14

学生感悟

抱怨是一种毒药，它摧毁你的意志，削减你的热情。抱怨改变不了任何事，我们一切只能靠自己。抱怨只是大声宣布你的无能，除此之外毫无用处。与其成天抱怨你的生活多糟糕，不如努力做些有意义的事情来改善它。强者都是含泪奔跑的人！你努力了，尽力了，才有资格说自己的运气不好。

——籍洪远 2017. 11. 14

学生感悟

在这个世界上，有许多不公平、不公正的事情发生，但这不能成为我们抱怨的理由。不停地抱怨，只会让人陷入消极的深渊，让我们无法以积极的心态去面对一切。从现在开始，我们应该停止抱怨，因为抱怨解决不了任何问题。我们要从自己身上找原因，改变自己。

——张馨怡 2017. 11. 14

学生感悟

抱怨是没有任何意义的。抱怨的越多，失去的也就越多。抱怨是每个人见到最多，听到最多，也犯得最多的一种错误。

——接贵欣 2017. 11. 14

学生感悟

只有缺乏能力的人才会抱怨自己的遭遇。当事情发生之后，有主见的人会去想解决的方法，但无能的人就只会不停地抱怨，觉得全世界都欠他的。在他的眼里没有机遇可言，就算机会摆在眼前他也只会说，"这不好，这一点也不好"。少抱怨一些吧，抬眼望望世界，有很多值得留恋的东西。有很多美好的东西。只要你停止抱怨，就会发现原来这个世界还是很美好的。

——谢玥 2017.11.14

学生感悟

幸福，不是收获的多，而是抱怨的少。于人不苛求，遇事不抱怨。只有善于驾驭自己情绪和心态的人，才能获得平静，才能感受到幸福的味道。再熟悉的号码，也有空号的一天；再痛的记忆，也有淡忘的一天。何必让不开心的事扰乱自己的心情呢？

——李兰兰 2017.11.14

学生感悟

少一点抱怨，多一点改变。一个人的心情就像一只股票，受到各种因素的影响，难免有起起落落。工作中、生活中，遇到困难，感到不顺心的时候，就会产生一些负面情绪。适当的抱怨可以帮助我们宣泄不良的情绪，但一定要适可而止，因为消极的情绪就像感冒病毒一样，会传染给我们身边的人。经常地抱怨也会使人的心态改变。

——杜亚楠 2017.11.14

每日一句
多发现别人的优点
"君子和而不同。"每个人都是独特的个体，你可以不用完全认同他人的观点和处事方式，但要抱着欣赏的态度与他人交往，发现和学习他的优点。这样为人处世就会少很多偏见和争执，就能创造和谐融洽的氛围。 辅导员：郭凤臣　日期：2017.11.15

学生感悟

有时候，我们会不自觉地戴着有色眼镜去看别人，尤其看那些自己不喜欢，甚至是讨厌的人。其实这是我们把注意力放在了别人的缺点上。要知道人无完人，在我们看别人的缺点时，其实我们自身也有诸多缺点。我们应该把注意力放在对方的优点上，把发现别人的优点当成一种乐趣，这会让我们跟人很好地相处。

——王岩 2017.11.15

学生感悟

即使行动导致错误，却也带来了学习与成长；不行动则是停滞与萎缩。不管到什么时候，任何事情都靠自己，少依赖他人，你会成长得更快。有一种成长叫作靠自己！

——林娜 2017.11.15

坚持运动

健康是人生一切成就的根源。如果有条件，办张离单位或者离家近的健身卡；如果没有条件，跟着视频跳一节健身操。上下班用骑车、步行代替乘车，学习工作间隙站起来活动一下身体。没时间运动，迟早要腾出时间去生病。

辅导员：郭凤臣　日期：2017.11.16

学生感悟

生命在于运动。运动不仅是为了身体健康，更是自我改变、培养毅力的过程。运动让人获得更积极、更健康的生活。运动在日常生活中可以丰富人们的精神生活，弘扬集体主义、爱国主义精神，增强国家和民族的向心力、凝聚力。运动有着不可替代的作用。

——屈志伟 2017.11.16

学生感悟

坚持运动有利于我们的身心健康，也可以提高身体素质。坚持运动可以让我们顺利通过体育 800 米测试。生命在于运动，这是真理。所以动起来吧少年们，未来的美好生活在等着我们！

——赵雅男 2017.11.16

学生感悟

尝试点新的东西，从零开始体验拓荒的过程，无论能不能达成，或多或少都会有提升。坚持运动是对自己负责。奋斗是一个艰难并且漫长的过程，只有拥有健康的身体，才能更好地向成功迈进。拥有健康的身体才能更好地感受生活。

——耿秉温 2017.11.16

学生感悟

身体是革命的本钱，没有好的身体，就不能更好地学习和奋斗。只有坚持运动健身，才能有更强的斗志去面对以后的生活，更加积极向上。

——赵慧婷 2017.11.16

学生感悟

如今，很大一部分年轻人处在一种亚健康状态。体育锻炼是增强体质的最积极、有效的手段之一。用一定的时间多运动、健身，既可以保持健康，又可以放松心情，缓解压力。每个坚持运动的人，都有一颗蓬勃的上进心，这种精神会融入他们的生活里、工作中，让他们的面貌也闪闪发光。愿每一个人都能够热爱生活，热爱运动。

——王立新 2017.11.16

学生感悟

人一生可以干很多蠢事，但最蠢的一件事就是忽视健康。运动可以代替保健品，但所有的药物和保健品都不能代替运动。运动就像灵芝草，不必苦把仙方找。

——李祎 2017. 11. 16

每日一句

保持阅读习惯

读书会潜移默化地涵养你的心灵，塑造你的气质。每天抽出 1~2 小时看看书，养成阅读的习惯，久而久之你就会发现自己的见识和谈吐不一样了。

辅导员：郭凤臣　　日期：2017. 11. 17

学生感悟

读书是一个人独处时能做的最舒服的事，在增长知识的同时，也丰富了一个人的内在，使自己得到了提升。古人说："书中自有黄金屋，书中自有颜如玉。"当自己用心地投入一本书中，感情也会随着书中人物感情的变化而变化。一本好书就像知己一样，帮你拨开云雾见太阳，使你豁然开朗。

——张之敏 2017. 11. 17

学生感悟

读书可以改变一个人的命运，是人一生中必不可少的一个组成部分。书籍是有限的人生了解无限世界的一种媒介和有效途径，是各类知识的永恒载体。一本好书能让你获得极大的满足感，它能教会你如何超越自己，提高个人知识水平，并将知识转化为力量。

——张婉婷 2017. 11. 17

学生感悟

高尔基先生说过："书籍是人类进步的阶梯。"书还能带给你许多重要的好处。多读书，可以让你觉得有许多的写作灵感，可以让你习得更多写作方法。在写作的时候，我们往往可以运用书中的好词、好句和生活哲理，让别人觉得你更富有文采、思想深度。

多读书，可以让你知礼节。俗话说："第一印象最重要。"多读书，可以让你变聪明，变得有智慧去战胜对手。读书能陶冶人的情操，给人以知识和智慧。多读书，也能使你的心情变得快乐。

——王雅琼 2017. 11. 17

学生感悟

阅读能净化一个人的心灵，能让人得到满足。生活中你会发现，很多时候对于许多事情我们需要上网搜索或者查书，这是人自有的求知欲。求知欲是比知识本身更重要的东西。当你拥有求知欲的时候，你可能就找到阅读的兴趣了。古人说："书中自有黄金屋"，屋里的黄金固然多，但也需要去挖掘，阅读有用的书籍。

——孟秋月 2017.11.17

学生感悟

保持阅读习惯是一件很重要的事情。头脑是一个人最有力的武器。保持清醒，多去接触其他新鲜事物，多从不同视角看待自己做的事。书本是头脑的砥石，它磨砺思维的锋芒。读书也是和作者进行交流，一直读书，一直结识不同的作者，才能够一直进步，一直保持思想的清晰。

——刘蕴熙 2017.11.17

学生感悟

俗话说："腹有诗书气自华。"读书可以提高一个人的气质，提高自身的道德素质，增加自身的内涵，提高个人魅力。"读万卷书，行万里路。"书读得多了，知道的东西也就多了，能干的事也就多了。比起在宿舍打游戏，不如去图书馆读书。增加自身的阅读量，跟人吹牛也不会落后。

——谷恬 2017.11.17

学生感悟

多读书，可以让你多增加一些课外知识，可以让你感到浑身充满了力量。这种力量可以激励你不断前进、不断成长。从书中，你往往可以发现自己身上的不足之处，从而不断地改正错误，摆正自己前进的方向。所以，书是我们的良师益友。

——魏来 2017.11.17

每日一句
投资自己
跨出自己的舒适圈，去接触外面的未知领域，无论是知识、思维还是人，培养新的兴趣爱好，如练练毛笔字、学学绘画，不断地学习和改进，是对自己最好的投资。
辅导员：郭凤臣　日期：2017.11.18

学生感悟

自己强才能万事如意。投资自己：身体、理念、技能等，总有高回报。相信自己，投资自己，提高自己，好过碌碌无为！

——刘小兵 2017.11.18

学生感悟

欣赏一个人，始于颜值，敬于才华，合于性格，久于善良，终于人品。人生就是这样，选择和什么样的人在一起，久而久之你就会变成什么样的人！投资的路上，你的选择也决定了你的口袋和思维。

——李瑞军 2017. 11. 18

学生感悟

"你若盛开，蝴蝶自来。"有时候我们总会患得患失，担心朋友会离开，担心恋人会背叛自己。一个真正成熟的人是不会去忧心这些的。一个强大的人后面一定会有忠心追随他的人。不离开是因为崇拜，因为你有能力留住你想留住的人。恋人的离开或许是因为他厌倦了平凡没有一丝进步的你。每个人都有选择更好事物的本能，你做不到他心目中的最好就不要苦苦纠缠了。去多读两本书，多看两个文艺话剧，多考几个证书，去以前想去却一直没有去的地方，提高自己的能力，培养自己的气质。那时候的你是最好的你，最好的你也会遇到更好的他。

——李梦琪 2017. 11. 18

学生感悟

投资自己是最明智的选择。不断让自己变得更好、更优秀，生活便如你所期。投资自己的身体、形象、专业技能、知识储备、为人处世各个方面。

——王宁 2017. 11. 18

每日一句

列心愿清单

把想买的东西列个清单，有给自己的，也有给亲人朋友的。列的东西是能提高生活质量的实用物品。把每月生活费中划出一部分为心愿购物清单所用。设置一个目标，每完成一件事就买一到两件，别一下子买完。

辅导员：郭凤臣　日期：2017. 11. 19

学生感悟

人生看似漫长，其实一眨眼时间就已过半。我们不知生命的终点在何处，所以只能做好现在的自己。人生中会有很多愿望，总是想着有一天会实现的，其实可能永远都实现不了。不如从现在做起，把生活中的愿望列个清单，把自己想做的事情，有计划地完成。人生不留遗憾，才会显得更加灿烂。

——许镱凡 2017. 11. 19

游武汉大学有感

武汉大学形散而神不散，武汉大学大而精，武汉大学历史久远，武汉大学创造历史，武汉大学带动发展，武汉大学情怀中拥有包容，是青年实现梦想之地。希望同学们有机会去看一看武汉大学。

辅导员：郭凤臣　日期：2017.11.20

少待在寝室，多去教室；少去茶吧，多去图书馆；少琢磨什么好吃，多琢磨学到了什么；少看电影、打游戏，多看图书；少逛商店，多去书店；少谈论穿戴，多交流思想；少依赖别人，多强大自己；少想能得到什么，多想应当付出什么；少想怎么容易，多想怎么坚持；少些夸夸其谈，多些扎扎实实；少想虚的东西，多做实的事情；少想能做多大的官，多想能有多大的学问。

辅导员：郭凤臣　日期：2017.11.21

学生感悟

大学四年匆匆而过。从入学第一天起，你就应该想到以后要干什么，给自己制订一个计划，不能漫无目的，蹉跎光阴。要坚持自己的初心，有自己的目标，多做一些有意义的事，不能人云亦云，随波逐流。女生不要总是攀比衣服有多漂亮，化妆品有多贵；男生不要再比游戏升级有多快，吃得有多好。一个人外貌不是最重要的，心灵美才是最重要的。做事情不能急功近利，做人更要踏踏实实，一步一个脚印。做比想要重要，付出和收获不一定成正比，但一定不会成反比。不要总是夸夸其谈，付出实际行动是最重要的。多给自己定些计划，付出实际行动去实现，大学四年一定会让你有所收获。努力吧！

——陈雪鹏 2017.11.21

留白，是书画创作中有意留下相应的空白，生活中也要善于留白，留有让人想象的空间，它能给人以宁静、致远、深思。

辅导员：郭凤臣　日期：2017.11.22

学生感悟

中国画的最高境界，在于水墨留白。人生需要留白，它让你的生命看起来更丰富。

一个会布局的人，永远不会把人生塞得太满。留白，停留一刻给自己，让生命在留白的一刻升华。我们在抽身尘世的纯粹中明晰，从而整顿内心，蓄势待发。此刻的留白仅仅是为了下一刻更加疾速地前行，而不是错误地奔驰于歧途，一错再错。

——邱艺杰 2017.11.22

每日一句

　　今天是西方的感恩节，但作为中国人，我们要相信中华文化在世界上的影响力。同时我们也要学会感恩，感恩父母，感恩老师，感恩朋友，感恩我们身边的每一个人。

辅导员：郭凤臣　　日期：2017.11.23

学生感悟

　　感恩这两个字，我们从小学就开始接触，阅读题也好，写作题也好，都会针对感恩两个字出题。我很喜欢这个"命题"，很喜欢这两个字。我觉得这是每一个心地善良、正直和懂事的人应该具备的。感恩是一种处世哲学，也是生活中的大智慧。一个智慧的人，不应该为自己没有的东西斤斤计较，也不应该一味索取和使自己的私欲膨胀。学会感恩，为自己已有的而感恩，感谢生活给予你的一切，这样你才会有积极的人生观，才会有一种健康的心态。我们要对父母感恩，对老师感恩，对朋友感恩，对帮助过我们的每一个人感恩。我觉得我每一天都过得充实而美好，当然也会沮丧、会难过，会考试失败，会遇到不顺心的事，可是我总保持一颗平常心，认真对待上天赐予我的每一天。我真的很幸运能出生在我的家庭里，很幸运能学习知识，能来大学，能交到这么多好朋友。感恩之情永驻我心。

——王彤彤 2017.11.23

学生感悟

　　感恩父母、老师、朋友、身边的每一个人，有了他们我才能慢慢长大，慢慢成为一个自己喜欢的自己。

——杜海龙 2017.11.23

每日一句

　　无论何时何地，要被向善和向上的力所牵引。在自我设定的自由空间里，用心地付出，尽情地徜徉，不亦乐乎？

辅导员：郭凤臣　　日期：2017.11.24

学生感悟

　　积极向上，是我们大学生的本性。

——李祎 2017.11.24

不攀比，不抱怨，不计较。多包容，多理解，多付出。有一种努力叫作靠自己！

辅导员：郭凤臣　日期：2017.11.25

学生感悟

不要看到原来哪方面不如自己的人如今却比自己混得好，就觉得努力与回报不成正比。多付出就会有回报，只是他的努力你没有看到，可能不是现在，而是人生的某一时刻。记住，所有的努力都不会白费，只是不一定马上有收益。一分耕耘，一分收获。少壮不努力，老大徒伤悲。

——赵常旭 2017.11.25

学生感悟

人不可能不犯错误，总有失误和不理智的时候。犯了错误后，一定会有内疚。要学会不去计较，无论做的事情有多艰难，都不要抱怨，这是对自己的锻炼。学会包容他人，人无完人，总会有不同的。

——张欣宇 2017.11.25

学生感悟

人生在世，活着就该逢山开路，遇水架桥。谁也不靠，靠自己才是王道！

不羡慕别人，因为所得到的一切都有代价。生活不在别处，而在你的脚下。你付出了多少，就会收获多少。

——刘紫微 2017.11.25

学生感悟

凡事顺其自然，遇事处之泰然；得意之时淡然，失意之时坦然；艰辛曲折必然，历尽沧桑悟然。遵循简单才不会累，秉承宽容才不会气；学会忘记才不会愁，知道惧怕才不会危；甘于示弱才不会伤，保持低调才不会亏；愿意放弃才不会苦，适度知足才不会悔；记住感恩才不会怨，懂得珍惜才不会愧。

——李明月 2017.11.25

学生感悟

与其指望每次失落时会有正能量的人出现温暖你，不如自己变成一个正能量的人。你勤奋充电、努力工作、保持身材、对人微笑，这些都不是为了取悦他人，而是为了好好经营自己。告诉自己：我是一股独立向上的力量。运动让你更有气质，读书让你看见未见过的世界，穿衣打扮让你对每天都有期待。你不需要成为别人口中的那个人，你只需要做好你自己。不必为别人的一两句话就改变对自己的看法。自己是怎样，继续怎样。你的努力只是为了自己。没有那么多过不去的事，只有一颗不够勇敢的心。

最终使你脱颖而出的，不是天赋异禀，而是持之以恒。

——樊啟媛 2017.11.25

学生感悟

任何地方都有属于自己的风景。任何人都可以活出自己，没有必要和别人比较。人生不过是山一程，水一程，风一程，雨一程，走着走着，就老了。何必拿自己的时间浪费在其他事情上呢！经过路过，都是风景；一眼一念，都是相思；一颦一笑，都是温暖。且行，且珍惜。时光短暂，不过白驹过隙；过眼云烟，不过浮华一世。

——毕海迪 2017.11.25

每日一句
《菜根谭》中有言："会心不在远，得趣不在多。盆池拳石间烟霞俱足，篷窗竹屋下风月自赊。" 辅导员：郭凤臣　日期：2017.11.26

每日一句
每个年龄有每个年龄相匹配的烦恼，无一例外。每个年龄的烦恼，会在那个年龄的地方，安静地等着你，从不缺席。大家要坦然地面对生活，用一种积极向上的心态来面对生活。 辅导员：郭凤臣　日期：2017.11.27

学生感悟

烦恼，无时不在，无刻不有。起床时的烦躁，做事时的焦躁，等待时的枯燥……如果一直以这种心态去生活，那么你的人生还有什么意义？人要活着，活着就是一种生活，同样是生活，为什么不用一种自己喜欢的方式去生活呢？

——邰琳 2017.11.27

每日一句
关于早起，曾文正公说："做人从早起开始。"因为这是每人每日所做的第一件事。这一桩事若办不到，其余的也就可想而知。唯以其不容易，所以那个举动被称为开始做人的第一件事。依偎在被窝里不出来，那便是在做人的道路上第一回败绩。 辅导员：郭凤臣　日期：2017.11.28

"把诗和蓝莓酱抹在荞麦面包上，用树隙里的阳光做件毛坎肩，跟猫狗以及啄窗的小麻雀说说话，往深夜的咖啡杯里倒进碎星星，在心里装一个小女孩儿。你如果爱着生活，生活一定比谁都清楚。"每个人都喜欢光，喜欢温暖，喜欢温柔。我愿你在追光的路上目光清澈，愿你有让人感到暖心的力量，愿你从容当中透着温柔，也愿你成为这个世界上自己想成为的那个人。

——王亚芳 2017.11.28

学生感悟

如果连自己的身体都掌控不了，那如何掌控自己的人生呢？如果连每日早起都无法坚持，又怎样坚持走在成功的路上呢？早睡早起身体好，晚睡晚起却是很伤害身体的事情。如果每天都有很多的事情，那么不妨尝试把这些事情放在早上来处理。

——沈岚泽 2017.11.28

每日一句

20岁，正是青春年少的时候，就不应该老气横秋，不应该那么世故。年轻，就得有年轻的活法。

读书，但不全迷信书本；听话，但不要顺从大人。思想要敢想，行动要敢为。

20岁，正是无所畏惧的时候，想干什么，就要大胆地干。这个时候不努力，还要等到什么时候才努力？人生的路有很多条，不试错，怎么知道自己该走什么路？想到了，就行动，虽然可能会失败，但为你自己打开的却是一扇通往未来的门。

辅导员：郭凤臣　日期：2017.11.29

学生感悟

正是年少青春时，不拼一拼、不选一选，哪里知道自己该走哪条路？现在的年龄正是敢想敢做的时候，不要畏手畏脚，想到什么就去做好啦，万一是对的呢？

——房洁 2017.11.29

学生感悟

不去行动，即使有想法也不会实现，但是追根究底，大多人没有目标。有想法要马上行动，在努力中一定会有好的结果。有想法就要行动，拖拉会让你丧失机会。想法只有化作行动，才有达成愿望的可能。

——王佳宁 2017.11.29

学生感悟

其实人生就是这样，敢做，敢当，敢拼，敢输，拿得起也要放得下，别让自己后悔。

学生感悟

20 岁，这一天曾经是那么令人期盼，而今近在眼前，却又有些茫然。现在要回顾自己的 19 岁，审视现在的自己，憧憬 21 岁的我，寻找那属于我的未来。

——倪培瀚 2017.11.29

每日一句

人生的第一个 20 岁，应当这样度过：做事要有担当，做人要有主见，做学问要一丝不苟。敢爱，敢恨，敢说，敢唱，敢想，敢做，这就是青春。努力吧，同学们，为下一个 20 年，为人生的辉煌奠定基础。

辅导员：郭凤臣　日期：2017.11.30

学生感悟

每一个人的 20 岁都有不同的样子，担当、主见，都是我们应该学会的。青春是自己的，是展现自己能力的时候。每个人的人生就一个 20 岁，敢爱，敢恨，为自己不留遗憾。

——马荣寅 2017.11.30

学生感悟

在漫漫人生旅途中，总会有寂寞、失落、沮丧的时候，这时给自己一点掌声，让自己战胜怯懦，使无畏的心更加坚强，温暖自己独自前行的路。当自己累了、倦了、快撑不下去了，给自己一点掌声，不只是对自己寂寞灵魂的一种填充，更是对风雨人生的一种从容。相信自己，肯定自己，做自己。

——丰悦 2017.11.30

学生感悟

年轻就是敢爱敢恨的本钱。要抓住现在的时间，努力奔向以后想要的生活。

——王伊健 2017.11.30

2017 年 12 月
——执着

    不忘初心，方得始终，初心易得，始终难求。这是一句经典得不能再经典的话。每当夜幕降临，总是在思索自己的初心在哪儿。曾几何时，梦想着自己考上一所心中期盼已久的大学，可是事与愿违，读了一所普通得不能再普通的大学，心中的信念随之破灭，化为缕缕青烟，随风而逝。参加工作后，希望找一份如意的工作，就算再努力，就算得到了赏识，但对自己还是不满意，依然焦虑、彷徨、渺茫、困惑，但对生活充满希望。不敢放弃，一直在努力奋斗的道路上。因为需要更多的物质基础，不得不离开自己的家乡，千山万水地来到城市，一个季度才能回去看望家人一次。每天都在努力地工作，每当累的时候、疲惫的时候，我都会在夜里仰望星空！

    人生是什么？什么是人生？心中那迟迟未实现的梦想又在哪里？也许，人生就是一个体验的过程，一个奋斗的过程。虽然离家千里，但无时无刻不思念着自己的妻儿老小。我想很多人都跟我是相似或者相近的。大多数中国人在奋斗的路上，都在为了自己的小康生活努力着、奋斗着，也或许是为了人生价值！

    隔着岁月的云烟，我们都在经历着、等待着、遗忘着。生活就是一个学习的过程，学习理解，学会宽容，学会与生活握手言和。人生就是一个懂得的过程，默默地承受，暗自坚强，最终学会拿得起放得下。

    也许到了一定年龄，喜欢的事情少了，多了一种或者两种爱好。没事情的时候，读读文章，喝喝茶，不再像年少无知的时候，大口大口地喝酒，更喜欢一个人安安静静地待着，去思考一些问题，想一点事情，培养一两个爱好。打算着以后的生活，不再颓废，不再期待着好事能砸到自己头上，也不再好高骛远。脚踏实地，一步一个脚印，相信总有一天会走到自己的梦里。

    感悟人生百态，活出自己的精彩，放下不切实际的执念，才能赢得自己的幸福人生！

每日一句

敢想是创新的源泉，敢做是敢想的继续，是创业的原动力。大家行动起来，为梦想，为目标早日实现，披荆斩棘。再耀眼的太阳也要有西去落山的时候。大家要抓住机遇，迎接挑战，勇往直前。

辅导员：郭凤臣　日期：2017.12.1

学生感悟

人生从来不乏机遇，我们缺少的是对机遇的把握。在机遇到来之前，就要做好准备。你的人生并非一早就定下了答案。除了自己，没有什么可屈服的。

——李瑞军 2017.12.1

学生感悟

一个人走在通往成功的途中，可以没有别的，但不能没有梦想。一个人要想成功，首先要明确自己最渴望的是什么。对于一个渴望成功，并为成功努力的人来说，最迫切、最渴望的事莫过于确立他的目标。人不能总在梦中生活，但人活着却不能没有梦想。梦想是人类进步的阶梯。正因为我们有了梦想，我们才会不断地超越自己，梦想推动着我们前进。没有梦想的人生是平淡的人生，因为这样的人生没有生动的内容；没有梦想的人生也是平庸的人生，因为无法跨过自己的障碍。

——孟昭君 2017.12.1

学生感悟

在人生最宝贵的时光，要抓紧每时每刻、抓住机遇、努力奋斗。时间是不等人的，老了或是机会失去了，就永远失去了。人总是会遭遇挫折，但即使受伤或者迷惘，过后也还要努力去爱，失败或者被拒绝后还要去尝试。

——张婉婷 2017.12.1

学生感悟

有了成绩要马上忘掉，这样才不会自寻烦恼；有了错误要时刻记住，这样才不会重蹈覆辙；有了机遇要马上抓住，这样才不会失去机会；有了困难要寻找对策，这样才能不断进步。你可以不高尚，但不能无耻；你可以不伟大，但不能卑鄙；你可以不聪明，但不能糊涂。

——徐晨 2017.12.1

学生感悟

没有人可以左右你的人生，只是很多时候我们需要多一些勇气，去坚定自己的选择。比我差的人还没放弃，比我好的人仍在努力，我就更没有资格说我无能为力。

——王宁 2017.12.1

每日一句

　　时间在不知不觉地从我们每个人的指缝中溜走，转眼又到了 12 月，一年就要结束了，又到了总结收获和不足的时候了。盘点一年，有人收获满满，有人遗憾多多，还有人糊里糊涂。你是哪样的呢？请大家注意平时自己的各项积累。

辅导员：郭凤臣　日期：2017.12.2

学生感悟

　　子在川上曰：逝者如斯夫！不舍昼夜。消逝的时光就像流水一样啊！日日夜夜不停地流去。花有重开日，人无再少年。时光荏苒，岁月如梭，正如《匆匆》中所写的那样："我的手确乎是渐渐空虚了。在默默里算着，八千多日子已经从我手中流去；像针尖上一滴水滴在大海里，我的日子滴在时间的长河里，没有声音，也没有影子。我不禁头涔涔而泪潸潸了。"我们应该树立自己的目标，为了实现它而努力，要为自己的人生负责，对自己负责。

——赵静静 2017.12.2

学生感悟

　　当我们睁开眼，时间与太阳一起走过；当我们难过时，时间与悲伤一起走过；当我们孤独时，时间与寂寞一起走过；当我们读短信时，时间在读信间走过；请珍惜时间，不要让时间哭着从我们指缝间走过。

——李兰兰 2017.12.2

学生感悟

　　转眼间，一年的悠悠岁月已如同手中紧抓的沙子，无声无息地流失了。然而，沙子流失，能够再抓一把；花儿凋零，能够等到来年春天重绽芳颜；童年流逝，却永远无法回头再来！时间流逝，一去不复返。我们要把每天当作生命的最后一天去生活，做自己想做的，珍惜每一分每一秒！

——芦越 2017.12.2

每日一句

　　学着主宰自己的生活。即使孑然一身，也不算一个太坏的局面。不自怜，不自卑，不怨叹。一日一日来，一步一步走，那份柳暗花明的喜乐和必然的抵达，在于我们自己的修持。

辅导员：郭凤臣　日期：2017.12.3

学生感悟

人生的船承载着梦想的帆，迎着和煦的风，领航在我们的心海。偶尔的风浪总会使它有些微小的颠簸，要谨慎驾驭人生的舵，需要的更多是一种心态——平和、淡然、坚韧、舍得。人迫于生存的压力，需要不懈地努力和奋斗。人生在世，只有正确理解生活的种种，一切的一切才能如无风之湖，天然肃静，悠然自若。

——常美玉 2017.12.3

学生感悟

不想一事无成、虚度一生，那就靠自己努力争取，实现人生价值。

——赖丽云 2017.12.3

学生感悟

太多的问题是所谓的庸人自扰。在这个世界上，外界因素、人为因素固然是影响你心境的重要原因，但它们绝对不能成为你一蹶不振的借口。学会调节，学会释怀，学会坚强，人生永远是自己主宰的！从现在起，用力改变吧！生活不易，但人生只有一次，起点不由你定，过程和结果全部由你谱写。所以，好好生活，好好善待自己。

——孟秋月 2017.12.3

学生感悟

不怕在自己的梦想里跌倒，只怕在别人的奇迹中迷路。只做自己梦想的主人，不做别人奇迹的听众。我们的人生价值不需要别人来判定，无愧于心便好。活出自己的个性，真性情，开心就好。

——王莉靖 2017.12.3

学生感悟

自律，就是严于律己。它与他律相对立，更强调自我约束和自觉。自律，就是要在思想、品德、行为上从严要求自己。古人云："君子责己，小人责人。"从古至今，严于律己都被当作衡量一个人道德修养高低的标准。因此，我们应该在任何时候、任何地点、任何情况下都做到自律。

——杨寅奇 2017.12.3

学生感悟

人要有自己的思想，不能盲目跟风。要一直坚持，不忘初心，带着最初的目的走完全程。

——张之敏 2017.12.3

学生感悟

人与人的差距，表面上看是财富的差距，实际上是福报的差距；表面上看是人脉的差距，实际上是人品的差距；表面上看是气质的差距，实际上是涵养的差距；表面上看是容貌的差距，实际上是心地的差距。表面上看，人与人都差不多，内心境界却大不相同，心态决定命运。

——邱林 2017.12.3

学生感悟

学会一个人静静思考，因为这样才能让自己更清醒、明白；学会用心看世界，因为这样才能看清人的本来面目；学会放下，因为只有放下了才能重新开始。

——沈岚泽 2017.12.3

每日一句

梦想，可以天花乱坠；理想，是我们一步一个脚印踩出来的道路。

辅导员：郭凤臣　　日期：2017.12.4

学生感悟

如今的社会，假如你没有梦想，那么你将无法在这个社会上立足。在这个充满竞争的社会当中，梦想起着非常重要的作用。人们要去实现它，人们要去为了它而努力！

——倪培瀚 2017.12.4

学生感悟

理想失去了，青春之花也便凋零了，因为理想是青春的光和热。每个人都有一定的理想，这种理想决定着他努力的方向。理想与现实之间，动机与行为之间，总有一道沟壑。但没有理想，也就永远不会有美好的现实。理想是需要的，它是我们前进的方向。生活有理想的指导才有前途；反过来，也必须通过现实的努力奋斗才能实现理想。

——陈树彬 2017.12.4

学生感悟

有一句话说得好：仰望星空，脚踏实地。星空是我们的梦想，而理想就是我们脚踏实地要去接近的，也是我们的目标。只有完成自己的一个又一个理想才能离梦想更近。梦想也不是虚幻的，它只是一个比较大的理想。我相信只要脚踏实地，就会离梦想越来越近，直至实现自己的梦想！

——房洁 2017.12.4

学生感悟

我最崇拜的人曾经说过：别人是因为看到了希望而一直努力；而我是因为一直努力而看到了希望！想要实现理想，实现梦想，不仅需要你先树立它，还需要你朝着那个方向不断地努力！我也想一直努力，让我看到希望！

——申佳宁 2017.12.4

学生感悟

每个人在成长中都会受很多伤，会哭泣悲伤，会觉得痛。许多事情总是在经历过后才明白。痛过了，便坚强了；跨过了，便成熟了；傻过了，便懂得了适时地珍惜与放弃。总是在失去了什么之后，才能学会珍惜什么；总是在碰了壁之后，才能学会改变什么，放弃什么；总是在疼过之后，才能学会做一个全新的自己。

——江磊 2017. 12. 4

学生感悟

梦想是人类对于美好事物的一种憧憬和渴望，有时梦想是不切实际的，但毫无疑问，梦想是人类最天真、最无邪、最美丽、最可爱的愿望。梦想是一种可能会被嘲笑的东西，有的人拿来珍藏，有的人为之奋斗，它往往天马行空。

而理想是对现实的补充，它也许只是你人生路上的一块里程碑。梦想是我们内心一个可望而不即的梦，明知不可能，可总是会偷偷地期待并幻想。梦想，我们往往想想就好，做梦时梦见就好。理想，是短期内或者长期内的一个奋斗目标，也许它有些难以抵达，却时时督促我们向它靠近。它不像梦想那么甜美，甚至还带一点点酸楚，有多少人为了理想撞破头，受了伤，但是它又比梦想坚实。当我们一步步走向它时，内心是那么的舒坦。让我们怀抱梦想，放飞理想吧！

——吕小倩 2017. 12. 4

学生感悟

梦想和理想，我们常常傻傻地分不清。在三毛看来，飘在天上的是梦想，落到实处的是理想。三毛这句话，很容易让我们想起另一句话："既要仰望星空，又要脚踏实地。"

从某种角度说，天花乱坠的梦境是必需的，它可以让我们暂时抛开现实的桎梏，大口呼吸几下自由而浪漫的空气。但是，再绮丽的梦想毕竟只是梦想，梦里的满汉全席解决不了现实中的饥肠辘辘。在现实世界，我们需要理想，需要在理想之光的引导下，脚踏实地、一步一个脚印地去行动。唯有如此，才可能梦想成真。

——邱艺杰 2017. 12. 4

学生感悟

梦想和理想这两个词在很多时候是被视为等同的，但在每个人的心里，这两个词的分量却绝不等同。在人的心理天平上，"理想"较多的是代表既定的并且会努力实现的目标，且在潜意识里这种目标是可以实现的、力所能及的；而"梦想"更多的是代表一些偶尔会想想、但绝不会去做的事情，且认为实现的可能性几乎不存在，可望而不可即。

梦想和理想，看上去就差一个字，可区别也就在这个关键字上。"梦"和"理"，给我一种虚幻与真实之区别。梦想与理想的相通之处，又同在一个"想"字上。人的想法很多时候不是空穴来风，而是在一定基础上的，或是有别的一些东西来支撑的。我突然发现，一个人的梦想应当源于现实而又高于现实。

——王雅琼 2017. 12. 4

学生感悟

我们从小就有梦想，从小时候的当宇航员、航天员，到现在的当医生、老师、白领。从一开始的不现实到现在的与自己的生活密切相关。理想是我们长大后的一个目标。梦想可以不切实际，但是理想一定要是一个可以通过努力实现的目标。我们要有远大的梦想，也要有可以通过努力实现的理想。

——李梦琦 2017. 12. 4

学生感悟

梦想是一种可能会被嘲笑的东西，有的人拿来珍藏，有的人为之奋斗，它往往天马行空。而理想是对现实的补充，它也许只是你人生路上的一块里程碑罢了，仅有远或者近的区别。

——王宁 2017. 12. 4

学生感悟

每个人都能有自己的理想，但能否实现，关键在于是否努力奋斗。只有一步一个脚印，靠自己的不断努力去接近，理想才可能成为现实。如果只是空想，那么理想与梦想也没有太大区别。

——刘文俊 2017. 12. 4

学生感悟

梦想可以随意编织，不在乎外界的纷扰，可理想是很现实的，要与自己的实际情况相符合。每一个有梦想的人都是可爱的，而有理想的人是可敬的。他有自己的目标、自己的想法和规划，是值得我们学习的。每个人都可以有梦想，可以是梦想家，可不能把可怜的自己从水深火热之中拯救出来。理想家有自己的规划、有自己的计划，按部就班地让理想走进现实。

——王响辉 2017. 12. 4

学生感悟

梦想和理想只差一步，那就是醒来；理想和现实也只差一步，那就是行动；失败和成功也只是一步之遥，那就是摔倒了再爬起来。

千里之行始于足下，只要方向正确，再难再慢，总有一天也能到达。

如果你拿出关注别人的时间发挥自己，那么就会有很多人关注你；如果你把为别人实现理想的时间用来干自己的事，那么自己也能够成就辉煌；如果你把看别人的时间拿来书写自己，那么自己也会出书；如果你把羡慕别人的时间用来排练，自己也会是最好的演员。

当你想要放弃的时候，想一想史泰龙吧！他失败了一千八百多次，才得到第一次演出机会；当你失败时，想一想爱迪生吧！他找了一千多种材料才找到钨丝；当你默默无闻时不要烦恼，想一想孙悟空吧！他被压在五指山下五百多年才重获自由。

没有尝到追求的痛苦，就体会不到成功后的喜悦；没有经历追求的磨难，就得不到想要的辉煌；没有一颗看淡生活的平常心，就只能生活在水深火热之中。

——刘紫微 2017. 12. 4

学生感悟

如果我们心中只有梦想，却不知道如何靠近梦想，只是心怀梦想到处乱窜的话，我们不但会碰得头破血流，更会让自己的人生变得越来越凄惨。如果你的人生正在变得凄惨的话，不要抱怨，应该反省自己找的梯子对不对。去实现梦想，不管结果如何，努力过才不会后悔。

——王彪 2017. 12. 4

学生感悟

在漫长的人生道路上，尽管沉沉黑夜没有灯火照明，没有向导导航，但只要心中有梦想，你就能认清前方的路，你就能穿过黑夜走向黎明；在漫长的人生道路上，尽管风雨交加，一路坎坷泥泞，但只要心中有梦想，你就会发现，你在风雨中走过的每一步都会留下深深的脚印，你就会在风雨过后迎来绚丽的彩虹；在漫长的人生道路上，尽管愁肠百结双眼茫然，但只要你心中怀揣梦想，你就能在泥土的芬芳、花草的笑脸中消融坚冰。

——许镱凡 2017. 12. 4

学生感悟

人生不能没有梦想，工作不能没有目标，但你得明白梦想和目标需要脚踏实地去做才有望实现。职场没有奇迹，一切都要靠扎扎实实地做出来，不仅要想到成功怎么样，更要想到怎么样才能成功。

——张馨怡 2017. 12. 4

学生感悟

梦想和理想的区别是什么？我们大多有美好的梦想，它或许是我们小的时候就有的天马行空般的梦想。梦想是美好的，它不一定会实现，可还是会在我们内心深处保留。但是理想不一样，我们需要一个适合自己的理想，朝着这个目标努力，一步一个脚印地把它实现。

——桂圆 2017. 12. 4

学生感悟

如果没有梦想，那还行动做什么？正因为有梦想，才会让你充满干劲。梦想多远都可以。你行动的一刻就离它越来越近了。也许在大家心中梦想和理想不一样，因为理想我们付出了，基本就会慢慢达成，而梦想就像一个人做的梦。岁数越大，越了解自己的实力，就越觉得梦想是个梦。所有的梦都不是空穴来风，都建立在一定的现实基础上。如果达成了理想，那么梦想就不是梦，而是一种具有理性色彩的更高追求。

——吴嘉欣 2017. 12. 4

学生感悟

生活总是千变万化，总有那么多不如意，总有那么多不顺心，但只要坚守自己的理想，就不会被打倒。再大的风浪都阻挡不了我们前进的脚步，坚持就是胜利。无论怎样，都不认输。

——程扬威 2017. 12. 4

学生感悟

梦想是人类对于美好事物的一种憧憬和渴望。有时梦想是不切实际的，但毫无疑问，梦想是人类最天真、最无邪、最美丽、最可爱的愿望。理想是对未来事物有根据的合理的想象，与空想和幻想有所不同。

——王立新 2017. 12. 4

学生感悟

梦想是一种可能会被嘲笑的东西，有的人拿来珍藏，有的人为之奋斗，它往往天马行空。梦想是一个目标，是让自己活下去的原动力，是让自己开心的原因，是会带你走过喜怒哀乐的旅程，是为自己画的蓝图！只要能够让心中燃着"梦想"的烛光，人生将因为有梦想而更显美丽！勇敢做一个有梦想的人，以坚决的信心，施以加倍的努力，你就会有惊人的成就。

——刘凯 2017. 12. 4

学生感悟

人要有梦想，不然就不会创新。人要有行动，实践可以验证。有果必有因，有梦或许空。

——刘小兵 2017. 12. 4

学生感悟

每个人都有自己的梦想，有梦想就有追求。凝望着天边的夜空。思索着梦想与现实。星空是那样灿烂，又是那样寂静。

——刘倩含 2017. 12. 4

每日一句

外面大雪纷飞，室内温暖如春，正值一天的黄金时间，我们在做什么？

温馨提示：要利用好时间。

辅导员：郭凤臣　日期：2017.12.10

学生感悟

时间就像海绵里的水一样，只要你愿意挤，总还是会有的。时间是不可占有的公有财产，随着时间的推移，真理会愈益显露。时间是由分秒积成的，善于利用零星时间的人，才会做出更好的成绩来。要珍惜时间。

——王畅 2017.12.10

学生感悟

有人在学习，有人在游戏，有人在工作，你在干什么？时间总在不轻易间就流逝了。今天的努力才能换来明天的美好，今天的游戏只能换来明天的哭泣。不要让懒惰把你拉向井底，我们要珍惜时间，把握住每一分每一秒，绝不浪费一分一毫。

——谷恬 2017.12.10

每日一句

"打工"是一种锻炼，但一定要结合自己的专业和个人的职业规划去做。大一的时候还不用考虑那么多，但大二以后一定要考虑这一点。每一次锻炼之后一定要静下心来总结。总结得失，总结利弊，这样才能进步。

辅导员：郭凤臣　日期：2017.12.11

学生感悟

我们要有自己明确的目标，为我们的以后打下基础。

——刘雪剑 2017.12.11

学生感悟

大学生走出校门接触社会、了解社会、积累社会经验是非常有必要的。做兼职是一个很好的途径，一来可以锻炼自己，提高自己的能力；二来也会多多少少减轻家里的负担，更能体会到父母的辛苦与不易，对我们将来毕业找工作也是非常有帮助的。大学生兼职因其繁杂的种类与不可忽视的不确定性，一直存在很大的争议。无论年级和专业，兼职前提是不能影响学习。毕竟身为学生，学习是首要任务。但也有部分同学觉得，应该考虑自己的经济状况和性价比的问题。兼职所付出的时间是否值得、有效，需要再三权衡。总而言之，兼职须谨慎。

——樊啟嫒 2017.12.11

每日一句

考研是人生的再一次提高，是迈向更好生活的一级坚实的台阶。确定目标，不要徘徊，讲究方法，坚持到底，一定成功。

辅导员：郭凤臣　日期：2017.12.12

学生感悟

考研是自己选择的道路，不管前面会遇到什么，考研的决心一旦做出就要义无反顾、勇往直前。

——林娜 2017.12.12

每日一句

12月13日，国家公祭日。牢记历史，勿忘国耻，凝聚力量，奋力拼搏。

辅导员：郭凤臣　日期：2017.12.13

学生感悟

他们永远都欠南京大屠杀遇难者们一个道歉。

——谢玥 2017.12.13

学生感悟

国家公祭日的设立，是缅怀过去，更是抚慰民心、顺应民意的措施。同时，这也是中国在向全世界表达我们热爱和平、维护和平的决心与责任。以国家名义进行正式纪念与公祭，其意义在于，促使人类以史为鉴，一起维护世界和平及正义良知，促进共同发展和时代进步。

——邵敏 2017.12.13

每日一句

今天的中国，已经成为一个具有保卫人民和平生活坚强能力的伟大国家。中华民族任人宰割、饱受欺凌的时代已经一去不复返了。国家的强大，需要我们每一个人的付出，作为新时代的大学生，我们应当为祖国的强大贡献一切。

辅导员：郭凤臣　日期：2017.12.14

学生感悟

岁月静好，是有人在替我们负重前行。我们不是生活在和平年代，我们只是生活在一个和平而又强大的国家中。珍惜来之不易的和平，感谢祖国，不忘历史，继续前进。

——钟桂东 2017.12.14

学生感悟

一个真正的爱国者，不仅要具有满腔的爱国热情，更应该充满智慧，能够理性地看待问题和处理问题。爱国不是靠形式，更重要的是我们的行动。理性爱国就是要自觉地把爱国之情、报国之志化作报国之行，也就是把对祖国的理性认识应用到现实生活中，以之指导我们的行动。

——李梦禹 2017.12.14

每日一句
20 岁不狂没有志气，30 岁尤狂没有头脑，狂要有资本。 　　　　　　　　　　　　　　辅导员：郭凤臣　　日期：2017.12.15

学生感悟

要有资本，才可以去拼搏。

——李祎 2017.12.15

每日一句
苦，才是生活；累，才是工作；变，才是命运；忍，才是历练；容，才是智慧；静，才是修养；舍，才能得到；做，才会拥有。 　　　　　　　　　　　　　　辅导员：郭凤臣　　日期：2017.12.16

学生感悟

生活没有一帆风顺的，前进的道路上总是荆棘丛生，但是，只要你坚持自己最初的信仰，一定能披荆斩棘，踏上平坦的大道。努力是人生的一种精神状态，最美的往往不是成功的那一刻，而是那段努力奋斗的过程。每个优秀的人，都有一段沉默的时光。那段时光，是付出了很多努力，忍受了孤独和寂寞，不抱怨不诉苦，日后说起时，连自己都会被感动的日子。唯累过，方得闲；唯苦过，方知甜。每一个今日，都是你曾经幻想的明天，所以请为这个今天而努力。

——陈雪鹏 2017.12.16

拿破仑思维

拿破仑思维，就是敢想敢干，不被外界所干扰。在任何情况下，始终保持自己的主见，用自己的目光去审视世界，用自己的方法去解决问题。

辅导员：郭凤臣　日期：2017.12.17

学生感悟

我们要学会拿破仑思维，敢想敢做、敢于思考、敢于质疑。要有自己的主见，不要让别人的思想领导你，要用自己的思想领导别人。拿破仑思维的另一个特点就是要对自己的行为负责，一旦你作了决定，就不要后悔，因为无论是别人替你作的决定还是自己作的决定，如果你自己不愿意，就不会有现在的结果。既然决定了，就不要后悔。

——赵亚楠 2017.12.17

学生感悟

每个人都有自己独特的想法和做事风格，遇到事情要冷静。自己有想法，要勇敢去完成，要大胆实践，不要畏首畏尾；自己有梦想，就去大胆实现，大学就要活得精彩。不要因为别人的言语就放弃自己的梦想，不要在意别人的眼光，坚持自己。

——李祎 2017.12.17

亚历山大思维

这是一种很霸气的、值得称道的思维方式，成大事者，决不被陈规旧习所束缚。

辅导员：郭凤臣　日期：2017.12.18

学生感悟

不断变革创新，就会充满青春活力；否则，就可能会变得僵化。光看别人脸色行事，把自己束缚起来的人，不能突飞猛进，就会掉队，尤其是不可能在科学技术日新月异的年代里生存下去。科学研究基于同一法则，即一切事物的产生取决于自然规律，这也适用于人们的行动。做出重大发明创造的年轻人，大多是敢于向千年不变的陈规、定律挑战的人。他们做出了大师们认为不可能的事情来，让世人大吃一惊。如果你要成功，你应该朝新的道路前进，不要跟随被踩烂了的成功之路。

——魏东波 2017.12.18

每日一句

哥伦布思维

想了就要干！这才是哥伦布思维的可贵之处。自古成功自有道，这个道，往往就是在众人认为不可能的地方闯出来的。

辅导员：郭凤臣　日期：2017.12.19

学生感悟

想了就要做，有了想法与目标就要付诸行动。很多东西，只要你敢去想，只要你敢去做，敢跨出那一步，梦想离你就会很近。有目标才会有方向，有方向才会离成功更进一步。

——杨洁 2017.12.19

每日一句

司马光思维

打破，才能得生机。这就是司马光思维的精髓所在。只有打破旧思维的桎梏，思路才会见光明。对于你，只有打破自己懒惰的思维，才能前进。

辅导员：郭凤臣　日期：2017.12.20

学生感悟

做事失败只有一个原因：懒。勤奋分两种，肢体勤奋和思维勤奋，不要奢望用肢体勤奋掩盖思维懒惰，那将导致最可悲的结果：瞎忙。思维懒惰，就是不愿意把一件事情想透彻，就是不愿对问题设立防范机制，就是思维惯性，就是放弃独立思考，就是没有格局观，就是固守旧习，就是对知识漏洞的容忍。

我们要学会做思维勤奋的人，带动你的肢体勤奋，这样才能前进。

——郐琳 2017.12.20

学生感悟

"把思考和执行分成两步走，你会想得更好，做得更快。"把任务归类细分可以提高效率。思考代表你考虑到了，尽管不是很完美，但是你考虑了种种可能。错了可以反省，执行可以提高自己的动手能力。行动了代表实践了，实践才能出真知。思考加上执行，可以让你的事情进展得更加顺利，让自己的成功更加有把握！

——刘小兵 2017.12.20

每日一句

上帝思维

关爱别人，受益自己。上帝说，天堂里的居民，凡事都是这么想的。世人要是拥有爱的思维，那他无论身处何方，都是活在天堂里。我们每个人心中要存有大爱。

辅导员：郭凤臣　日期：2017.12.21

学生感悟

我们每个人生在世界上都是孤独的。每个人都被囚禁在一座铁塔里，只能靠一些符号向别人传达自己的思想；而这些符号并没有共同的价值，因此它们的意义是模糊的、不确定的。我们非常地想把自己心中的财富送给别人，但是他们却没有接受这些财富的能力。因此我们只能孤独地行走，尽管身体相互依傍却并不在一起，既不了解别的人也不能被别人所了解。

——马烨超 2017.12.21

每日一句

拉哥尼亚思维

简练才是真正的丰富，只有最简单的东西才具有最大的孕育性和想象空间，也才最符合拉哥尼亚思维法则。不要把什么事情都考虑得那么难。

辅导员：郭凤臣　日期：2017.12.22

学生感悟

把事情想得简单点。

——王岩 2017.12.22

每日一句

不要等到生活为难你时，才后悔过去太安逸。

辅导员：郭凤臣　日期：2017.12.23

学生感悟

我时常想，要是我当初怎样怎样，也许现在就会怎样怎样。但时间回不去，后悔没有用，如果真的后悔当初没有好好努力，没有好好争取，那么现在也自然不会安逸。努力抓住现在，把握时间，不要让现在成为下一个后悔的过去。

——王丽慧 2017.12.23

学生感悟

一个幸福快乐的人不一定是最有钱，或者最有权势的，但一定是最聪明的，他懂得人生真谛：花开不是为了花落，而是为了灿烂。笑着面对，不去埋怨，悠然、随性、随缘。

——赵常旭 2017.12.23

学生感悟

人生不可能一帆风顺，谁都有不如意的时候。面对困难，我们不能轻易退缩，但是要在困难来之前，更好地去充实自己，把自己变得更好，不要在困难来的时候才后悔曾经的懒惰，这时已经什么也做不了了。

——汪彩凤 2017.12.23

学生感悟

不要做让自己后悔的事。举个近期发生在我身上的事，2017 年下学期我报了四级，我以为自己做做套题就可以过的，结果没过。回想了一下，还是大意、马虎了，没有认真地好好努力，没有背单词。成绩出来的时候，我爸一边抱着狗狗，一边打开电脑，他相信我一定能过。看到 400 分这个数字的时候，我爸没什么表情。我过关了他能预料到，我没过他也能预料到。他转过身来安慰我，帮我分析，帮我加油打气，告诉我失败没关系，努力了就好。"这是第一次，我们吸取经验，找到不足，看看是马虎了，还是真的不会。找清楚原因然后下次再战。"从小到大都是这样，他相信我是好孩子，也不需要我一定要有多高的成就来回报。他只希望我能在大学做该做的，能把时间多放在学习上。所以不要做让自己后悔的事，也许你想要的结果并不容易，可是当你成功的时候，以前你的付出、你的努力都值得。努力吧。

——王彤彤 2017.12.23

学生感悟

只要自己愿意，再困难的事也总有被解决的那天。生活中成功与否，取决于我们自己内心最真实的态度。生活到底是什么？有个谜语：你对它笑，它就对你笑；你对它哭，它就对你哭——这是什么？人们都猜：这是一面镜子！但有一个人却不动声色地回了这么一句：这是生活。举座皆惊！而他又来了一句妙侃："愁眉苦脸地看生活，生活肯定愁眉不展；爽朗乐观地看生活，生活肯定阳光灿烂！"

——罗文娟 2017.12.23

每日一句

大气是一个人做人做事的风范、态度、气质、气度，是一个人综合素质向外散发的一种无形的力量。大气是一种纳百川、怀日月的气概，一种从容大方、浑然天成、胸有成竹的气量，一种成熟宽厚、宁静和谐的气度。

辅导员：郭凤臣　日期：2017.12.24

学生感悟

大气做人，精细做事。大气，即大义、大度、大方。大义是一种气概，深明道义；大度是一种气量，海纳百川。大方是一种气势，落落大方。精细，即严谨、细致、精益求精。事无大小，唯有严谨细致，才能做到精；唯有精益求精，才能做到好。成功源于大气、精细。做人大气方能容天下之事，运筹帷幄，成就大事。大气是一种睿智，一种隐忍。堂堂正正做人，坦坦荡荡做事，心存善意，宽厚待人，不会在意一时一势的得失，以心为灯，相望人心。大气是一种气量，一种风度，善于听取别人的观点，采纳正确的意见，能够谦和与人交往，善于交流沟通协作。

——魏来 2017.12.24

学生感悟

一个国家强大了，别的国家都会来跟你建交；一个人强大了，别的人都会跟你友好。一个人强大了，其他优秀的人自然会来找你。所以，不要苦苦地等一个人，不要为无法赢得一个人的心而懊丧，应加强自身建设。你们努力了吗？你们真的努力了吗？我看过很多人在努力，可在我看来，他们只是在尽力。不要尽力而为，要拼命，而且，要找对方向。尊重是赢来的，不是别人施舍的。

——赵慧婷 2017.12.24

每日一句
奥卡姆思维
奥卡姆思维，就是舍弃一切复杂的表象，直指问题的本质。这种思维的可贵之处，就是它直戳现实中的这么一种病态：今天的人们，往往自以为已经掌握了真理，其实我们还差得远。
辅导员：郭凤臣　日期：2017.12.25

每日一句
洛克菲勒思维
时时求主动，处处占先机，以最小代价，求得利益最大化。
辅导员：郭凤臣　日期：2017.12.26

学生感悟

梦想，像一粒种子，种在心灵土壤里，尽管很小，却可以生根开花。假如没有梦想，就像生活在荒凉的戈壁中，冷冷清清，没有活力。梦想，是一架高高的桥梁，不管最后是否能到彼岸；拥有梦想，并追求它，这已经是一种成功、一种荣耀。在追求梦想的这个过程中，我们在成长。

——杜雅楠 2017.12.27

每日一句

费米思维

　　简单化才是最经济、最优化，费米思维是一种最简单、最省力、最准确的思维法则，具有普遍的适用性。任何问题的复杂化，都是因为没有抓住最深刻的本质，没有揭示最基本规律与问题之间最短的联系，只是停留在表层的复杂性上，反而离解决问题越来越远。最简单的往往是最合理的。

辅导员：郭凤臣　日期：2017.12.28

学生感悟

做一个简单的人。

——李祎 2017.12.27

每日一句

　　读书有厚度，这里的厚度不只是尺量的高度，也包括书的内容质量。

　　如果你发现自己好长时间没读书，你就要知道，你可能已经堕落了。不是说书有多了不起，而是读书意味着你还有追求，还在奋斗，还在寻找另一种可能性。

辅导员：郭凤臣　日期：2017.12.29

学生感悟

我们可以没有网络游戏，可以没有女朋友，可以没有无用的酒局，但唯一不可以没有的就是读书的习惯。

——郭行通 2017.12.29

每日一句

　　在工作中一定要有追求，开拓进取。人都有目标，或大或小，而实现目标的办法就是工作。工作力度加大了，业绩提高了，也就有了实现目标的可能。

辅导员：郭凤臣　日期：2017.12.30

学生感悟

努力地去完成自己想要的目标。

——李祎 2017.12.30

今天周末，月末，年末，统统抹去。明天一来，你来，我来，他来，一起迎接 2018 年未来。预祝同学们新年快乐！

辅导员：郭凤臣　日期：2017.12.31

学生感悟

可能你很幸福，只是不知。是的，这个世界是不完美的，它偶尔冷漠，薄情，让人孤独无助，但同时它也是美好的。那些内心温柔的陌生人，那些疼你入骨的身边人，总会在你看不见的地方，偷偷地爱着你、护着你，给你力量，陪你走过风雨难挨的日子。

"要记住大雨中为你撑伞的人，帮你挡住外来之物的人，黑暗中默默抱紧你的人，逗你笑的人，陪你彻夜聊天的人，坐车来看望你的人，陪你哭过的人，在医院陪你的人，总是以你为重的人。是这些人组成你生命中一点一滴的温暖，是这些温暖使你远离阴霾，是这些温暖使你成为善良的人。"

——籍洪远 2017.12.31

学生感悟

不轻易用言语伤害别人，尤其较为亲近的人之间，不说伤害人的话。这会让他们觉得你是个善良的人，有助于维系和增进感情。

——陈文杰 2017.12.31

学生感悟

上天对每个人都是公平的，它在关上一扇门的同时，必定会打开一扇窗。无论多么糟糕的东西，世界都为其预留了位置。相信雨点不会仅仅落在你一个人的屋顶之上。相信你自己，大千世界，总有属于你的角落。拥有积极乐观的态度，是解决和战胜任何困难的第一步。

——高熙然 2017.12.31

学生感悟

成绩的获得不是结局，而恰恰意味着下一段努力的开始。只有那些始终渴望向着更高层次攀登，并且愿意脚踏实地为之付出的人，才能够最大限度释放自身的潜力。这段一往无前的历程，就是有滋有味的人生。

——赵盛楠 2017.12.31

学生感悟

人生太漫长，我们都是用已经经历过的时间，来预测将来，从来不会想到，未来的时间，其实漫长到无法想象。

人生没有一劳永逸，没有尘埃落定。人生实在太漫长了，每分每秒都充满各种可能，已经发生的还会再发生，没有发生过的正在预备。三五个月就足够埋藏一段巨变。就像法国作家夏多布里昂说的："人不只有一次生命。人会活很多次，周而复始。"我们只有重新评估人生的漫长，为漫长人生里的无穷变化做好一切准备。当你以为晚了的时候恰恰是最早的时候。

——丰悦 2017. 12. 31

学生感悟

你改变不了环境，但可以改变自己；你改变不了事实，但可以改变态度；你改变不了过去，但可以改变现在；你不能控制别人，但可以掌握自己；你不能预知明天，但可以把握今天；你不能样样顺利，但可以事事尽心；你不能选择容貌，但可以展现笑容。

——李明月 2017. 12. 31

学生感悟

人生的奔跑不在于瞬间的爆发，而在于途中的努力坚持。努力是一种生活态度，与年龄无关。所以，不论什么时候都不要太放纵自己，也不要给自己的懒散和拖延找借口。时间长了，努力便会成为一种习惯。同时我们应该明白，真正能感动你、激励你的，不是励志语录或心灵鸡汤，而是充满正能量的自己。

——李玉婷 2017. 12. 31

学生感悟

书读多了，容颜自然会改变。许多时候以为看过的书都是过眼云烟，不复记忆。其实它们都在那里，在气质里，在谈吐里，在无涯的胸襟里，当然也显露在生活和文字里。

——刘凡星 2017. 12. 31

2018 年 1 月
——自控力

　　自控力又被称为意志力。当学生们对一件事情产生兴趣时，大脑会给出三种答案：我要做，我不要，我想要，这就是所谓的意志力在作怪！总有很多难事向意志力发起挑战，比如拒绝诱惑，或者在高压环境里坚持下去。想象自己正在面临一个意志力的挑战。更难的事是什么？其实，意志力挑战就是两个自我的对抗。一个是控制的自己，另一个是冲动的自己。你可以给冲动的自己起一个名字，比如把及时行乐的人叫作"饼干怪兽"，把爱抱怨的人叫作"评论家"，把总是不想去做任何事的人叫作"拖延者"。在它们占上风的时候，你就能意识到它们的存在。还可以帮助自己唤醒那个明智的自己，唤醒自己的意志力。

　　我们可以在每个星期或者每天课程结束后回到寝室时，把自己这一天，或者这一星期所做的决定都记下来，回想你所做的决定，分析哪些有利于你实现目标，哪些会消磨你的意志力。坚持记录下去，还有助于减少在注意力分散时作决定，同时增强自己的自控力！每一次自控力挑战都是一次自我博弈。要想让更好的自己占据主导，我们就要强化自我意识和自控力。这样，我们才会拥有意志力和"我想要"的力量，让自己选择去做更难的事！

每日一句

站得高，看得远。所谓视野，就是你的视角里应该是广袤的田野，不管做事还是做人，都应向远处看，都不应光看到点，而没有看见面。

人生注定要受许多委屈。而一个人越是成功，他所遭受的委屈就越多。要使自己的生命获得价值，要学会放宽视野，做智者、仁者。

辅导员：郭凤臣　　日期：2018.1.1

学生感悟

站得更高所付出的代价也更大。努力拼搏的一生才最有价值。

——赖丽云 2018.1.1

学生感悟

人，就要活得漂亮，走得有力量。自己不奋斗，终归是摆设。无论你是谁，宁可做拼搏的失败者，也不要做安于现状的平凡人。造船的目的不是停在港湾，而是乘风破浪；做人的目的不是窝在家里，而是打造梦想。不看昨天谁是你，只看今天你是谁；不谈以前的艰难，只论现在的坚持。人生就像舞台，不到谢幕，永远不要认输！知行合一！全力以赴！

——谢欣 2018.1.1

学生感悟

一个人要有自己的目标，不能只看到眼前的事物而不考虑未来的发展前途。考虑得多了，看事物也会更全面。对自己狠一点，逼自己努力，努力过后，才知道许多事情，坚持坚持就过来了。没什么值得畏惧，你唯一需要担心的是，你配不上自己的野心，也辜负了曾经历的苦难。

——杨洁 2018.1.1

学生感悟

一个人，一辈子，一条路。随着年龄的增长，观点、心态也随之改变。不一样的环境酝酿不一样的人，不一样的风景影响不一样的心情，不一样的态度就会有不一样的结局。有些时候，我们总是活在自己的世界里，在我们的世界里一切都是美的，没有什么争夺、吵闹，有生机，有活力，才可以活得不空虚，才可以追求梦想，才能有梦想。人往高处走，水往低处流。

——李兰兰 2018.1.1

学生感悟

能力再强，也无法弥补态度的短板。因为一个人的成就常常取决于他愿意做多少，而不是他能做多少。态度决定行为，行为决定命运。一个态度端正的人，他的生活方式一定是阳光的，是正能量的；相反，一个态度不端正的人，他的生活将是不堪的。态度决定生活方式；反之，生活方式也影响态度。态度决定成败。一个人不管能力怎样，有个端正的态度，成功离他不会很远。

——吕晓倩 2018.1.1

每日一句

每一天都是全新的，都有全新的内容。不要满足于昔日的成绩，不要沉湎于往日的苦难。放下过往的一切，全身心地投入新的生活。

辅导员：郭凤臣　日期：2018.1.2

学生感悟

不要停留在过去，集中精神活在当下。岁月会让你知道，有些东西，一旦失去了便再也无处寻觅。喜欢跑步的人很多，但天天跑步的人不多；拥有梦想的人很多，但坚持一个梦想的人不多。现实生活中，每个人的思想都很富，但是能够持之以恒地坚持做一件事情的人并不多。

——邵敏 2018.1.2

学生感悟

每一天都应该有新的自我，不要被昨天的事情束缚。

——王佳宁 2018.1.2

学生感悟

其实不管身在何处，曾经在哪儿，以后去哪儿，生活都不是一件容易的事情。有人说：每个成年人都是劫后余生。真正的生活比电视剧上演的情节要苦难一百倍，要辛酸一百倍！而人的际遇就是那么奇怪，前面99%的努力，可能只换来1%的果实。这1%的果实才是你优秀的所在。但是，请你不要放弃，一旦坚持下来，到了命运的转折点，回报会像开了闸的水，源源不断地、超乎想象地涌到你的面前。

——王亚芳 2018.1.2

学生感悟

每一天都是新的起点。为某事花费了那么多的金钱、精力、心血，付出的时候，我更愿意相信自己选择是对的。

——刘小兵 2018.1.2

学生感悟

去学习新的知识，去结识新的朋友，去做好新的工作，去吟诵新的诗篇，去聆听新的乐章，去发现新的光彩。每一天都是这么美好。

——周瑾 2018.1.2

学生感悟

朝着成功的朝阳，踏着努力的云朵，去创造美好的明天。人生拥有无数的酸甜苦辣，人生会经历无数的失败与挫折，但我们要勇敢地面对。酸会让我们懂得成功的方法；甜会让我们懂得拼搏的作用；苦会让我们懂得奋进的重要；辣会让我们懂得努力的真谛。失败会让我们成功，挫折会让我们崛起！

——艾力 2018.1.2

学生感悟

成长是一步步地往上爬，看着身边的人一步步离去，像一把筷子，一根根地抽离，等到最后，剩下自己。成长是不是一件很残酷的事呢？看着小孩纯真的笑容，我宁愿做回一个可爱的小孩……我特别想回到过去，然后做我现在认为我该做的事情，然而，我只能弥补，弥补我认为我该做的正确的事情，只求时光慢慢走。

——陈文杰 2018.1.2

学生感悟

每个人的时间都是宝贵的。有人说过这样一句话："怎样才能证明你来过这个世界呢？你每天都做一件同样的事，到最后要离开世界的时候，你会知道你来过这个世界！"年轻是资本，要对得起你的资本，努力活出自我，努力让自己变得更好。

——陈雪鹏 2018.1.2

每日一句

把对别人的尊重放在第一位，努力使人感到他的尊严。给弱者的尊重更可贵；地位越高，越不能轻视别人，要把别人放在心上，这样你才能收获更多的尊重。

辅导员：郭凤臣　日期：2018.1.3

学生感悟

我以为别人尊重我，是因为我很优秀。慢慢地我明白了，别人尊重我，是因为别人很优秀。优秀的人更懂得尊重别人，对人恭敬其实是在庄严你自己。

——买希尔 2018.1.3

学生感悟

尊重自己包括爱惜自己的身体和尊重自己的人格尊严。一个人只有学会尊重自己，才会懂得尊重别人。同样的道理，一个人只有尊重别人，他才能赢得别人的尊重。可见，人与人之间的尊重也是相互的，人与人之间有了尊重才会更加的和谐！

——杜雅楠 2018.1.3

学生感悟

尊重别人，可以让对方增强自信，能够让失望的人看到光明。人人都渴望得到别人的尊重，但尊重要靠自己赢得。你只有先尊重别人，才能得到别人的尊重。应该平等地尊重每一个人，哪怕对方是清洁工，是门卫。这是一种修养，一种品德，一种习惯。无论你获得了多大的成就，都不要觉得对方是小人物，不能居高临下，盛气凌人，觉得高人一等；否则，你的人际关系会受到侵害，而且有的时候，真正能够给予你帮助的说不定就是那些你觉得不起眼的小人物。尊重别人就是尊重自己。

——王立新 2018.1.3

学生感悟

人生在世，各有各的生活，也各有各的难处。立场不同，所处的环境也不同，所以很难做到感同身受。生活本来就不容易，当你觉得容易的时候，肯定是有人在替你承担着那份不容易。经常换位思考，珍惜才配拥有。

——高熙然 2018.1.3

学生感悟

通过这段话我明白，任何时间，任何地点，任何人，无论身处于什么地位，都应该去尊重别人。尊重别人才能得到别人的尊重。尊重别人更体现了一个人的修养、素质。

——汪彩凤 2018.1.3

学生感悟

尊重别人就是尊重自己，人要学会尊重别人。要用平等和真诚去看待身边的每一个人，这样身边的人也才会尊重你。

——接贵欣 2018.1.3

学生感悟

尊重是互相给予的。当你尊重别人的时候，别人也会尊重你；当你不尊重别人的时候，别人也不会给你尊重。你如何对待别人，别人就会如何对待你！可能有时候你不经意的一句话会将一个人推下悬崖！可能你有时候不经意的眼神会挫败一个人的志气！可能你偶尔的一句玩笑话会将别人隐藏已久的伤疤重重地撕开！不管怎么样，我们都应该尊重他人！因为给予的尊重都会得到美好的答复！

——江磊 2018.1.3

学生感悟

尊重是相互的，只有你尊重他人，他人才会尊重你。对于他人的失意、挫折、伤痛要将心比心地以一颗宽容的心去了解、去关心，这才是为人处世的最佳方法。

——王岩 2018.1.3

学生感悟

尊重一个人很重要，因为一个人不太自信时，你给了他一个尊重的眼神，他能够让自己成长一大步，因为那个尊重信任的眼神很重要。人与人之间是相互平等的，没有什么等级。尊重别人也是尊重自己，越成功的人越谦虚。

——范天乐 2018.1.3

学生感悟

尊重别人的底线是不伤害别人，不论这种伤害是恶意的还是善意的，是有意的还是无意的。尊重别人也要尊重别人的独立性和个性。每个人相对其他人都是独立的，这种独立性也决定了大家都是平等的。那么你对别人讲话就要用对等且商量的语气，而不要强势。不要轻易说别人的缺点，如果要指出别人的缺点，一定要委婉，不要横冲直撞。有的人喜欢不加掩盖地直言别人的缺点，这样做往往伤害了他人的自尊，甚至会埋下怨恨的种子。而这种人为自己辩解的理由也很可笑：我是个直肠子的人，喜欢直来直去。尊重别人与你的直肠子没有任何关系。

——孟秋月 2018.1.3

学生感悟

有一种美德叫尊重，有一种修养叫尊重。尊重是什么？尊重是人和人之间的认同，尊重是心和心之间的平等。尊重可以折射出一个人的品行，但凡有素质有教养的人，都会懂得尊重别人，在举手投足之间，在四目相对之时，把尊重发挥得淋漓尽致。

——钟桂东 2018.1.3

学生感悟

尊重是脸上一抹真诚的微笑。尊重是一种修养，一种品格，一种对人不卑不亢、不俯不仰的平等相待。没有人可以尽善尽美，完美无缺，我们没有理由以审视的目光去看待别人，也没有资格用不屑一顾的神情去嘲笑他人。尊重是人与人交往中最重要的美德。尊重一个人对自身来说，是素质的体现；对他人来说，则是一定意义上的礼貌。在心理上尊重别人，在角色上尊重别人。

——樊启媛 2018.1.3

每日一句

无信不立，狡诈者无朋友。诚信为本，重诺守信。诚信深入人心，成功接踵而至。失去诚信，百事不可为。

辅导员：郭凤臣　　日期：2018.1.5

学生感悟

诚信为本。诚信是做人做事的基石，只有地基打好了，人这所大楼才可以建得高，立得漂亮。如今是信用大时代，信用是你个人的标尺，是个人的"身份证"。

——王莉婧 2018.1.5

学生感悟

诚信的重要性是必须意识到的，它是与人沟通的前提。我们做一件事情需要他人帮助时，需要他人的信任。

——桂圆 2018.1.5

学生感悟

诚信是人际交往的基石和桥梁。失信者不立。重承诺的人必然会得到别人的信赖。诚信在这个时代不可或缺，构建一个相互扶持、相互信赖的社会要从我做起，不断努力！

——刘文俊 2018.1.5

学生感悟

诚信，就是要诚实、守信用，对自己、对他人、对集体要有责任感。它既是中华民族的传统美德，也是我们每个人应该做到的最起码的道德标准。诚信，从字面看简简单单；可它的价值胜似黄金，它的分量重如泰山。人无信不立，国无信不强。古今中外的成功人士，哪一个不是诚信的人呢？

——王悦震 2018.1.5

学生感悟

诚信，不仅靠说，也要行动。诚信需要坚持。

——张馨怡 2018.1.5

学生感悟

一个人如果失去了诚信，将在社会上没有立足之地。诚信是个人的立身之本。诚信是个人必须具备的道德素质和品格。一个人如果没有诚信，不仅难以形成内在统一的、完备的自我，而且很难发挥自己的潜能和取得成功。

——邱艺杰 2018.1.5

学生感悟

当一个人失去所有人的信任时，他就如同死了，或者说活得生不如死。人与人交往，最重要的莫过于诚信。

——王伊健 2018.1.5

学生感悟

做人必须讲信用，讲信用别人才会信服你，才会帮助你，你才能做别的事情。如果不讲信用，别人就会渐渐远离你。这里涉及大利益与小利益关系。不讲信用的人可能会得到一时的利益，但却失去了人心；讲信用的人可能会损失一时的利益，但却得到了人心。

——籍洪远 2018.1.5

学生感悟

诚信属于道德范畴，是日常行为的诚实和正式交流的信用的合称，是指待人处事真诚、老实、讲信誉，一诺千金。信守承诺是诚实无欺，信守诺言，言行相符，表里如一。

——尹文赫 2018.1.5

学生感悟

人无信不立。做人讲诚信，这样才能在未来的事业里有好的合作伙伴；有了诚信，未来的道路就会畅通无阻。诚信决定了一个人的信誉，努力做一个诚信的人吧。

——赵雅男 2018.1.5

学生感悟

诚信是一种人人必备的优良品格。一个人讲诚信，就代表了他是一个文明人。讲诚信的人处处受欢迎，而对于不讲诚信的人，人们会忽视他的存在。诚信是一种品质，是一个人最为重要的一种美德。

——李思敏 2018.1.5

学生感悟

工作、生活、交友……方方面面都要讲究诚信。诚信小到可以使自己的身心得到提高，大到可以使自己一举成名。诚信能够帮助自己取得事业上的成就，也能取得生活上的快乐。

——魏东波 2018.1.5

学生感悟

诚信应该是一个人的生活态度，一个人为人处世的基本原则。

诚信不是一句口号，不是一个噱头，它体现在生活工作的时时处处，体现在点点滴滴的细节。只有时时处处诚实守信，才能取信于周围的人。别人都认为你是可靠的、值得信赖的，谁都愿意与你交往，愿意与你做生意，你的路也将越走越宽，你的事业也将越做越大。别人的信赖是自己的财富。诚信有时候会损害眼前利益。如果一个人只在对自己有利时或对自己的利益没妨碍时讲诚信，危及自己的利益时就不讲诚信，那他就不可能取信于人。取信于人需要时时事事，失信于人一件事就可以。很多人太看重自己的利益，太看重眼前利益，缺少一种长远的眼光。不讲诚信可能给自己带来一时一事的利益，但它将使你失信于人，失去将来。我们是人，我们是高级动物，我们不是不考虑自己的利益，正是我们真正考虑自己的利益，我们才讲诚信。我们失去了这一时一事的利益，但我们可以得到更多、更长远的利益。

——魏来 2018.1.5

学生感悟

人无信不立。人人都知道这句话，但真正做到这句话的人确实不多，大部分人只是将它挂在嘴边说说而已。他们当然知道，他们也是想做的，但他们就是做不到。

——王宁 2018.1.5

学生感悟

诚者，天之道也；诚之者，人之道也。无论处在什么位置上，我们都应当以诚信为本。每个人都会遇到很多人，很多事，如果大家都没有了诚信，那么我们怎么能在这繁华世界中闯出一片天地呢？

——谷恬 2018.1.5

学生感悟

诚实守信，是做人的根本，无论何时何地都不能失信于人。诚信体现了你生而为人的基本品质。欺人者终将自欺欺人，自食苦果。现今社会是不会将机会交到一个满口谎言的人手里的，所以请坚守住自己的底线，诚信待人。

——谢玥 2018.1.5

每日一句
生命不过三天：昨天，今天，明天。日夜虽能更替，但是，昨天如水，逝而不返；今天虽在，正在流走；明天在即，却也来之即逝。只有放下昨天，珍惜今天，才能无悔明天。 　　　　　　　　　　　　　　　　　　辅导员：郭凤臣　日期：2018.1.6

学生感悟

我们时常回忆过去，时常后悔当初为什么没有这样那样做。人生没有如果，没有时光机，永远也回不去曾经。后悔无非是浪费时间，浪费了今天，后悔了明天。珍惜现在，努力追梦，才不会后悔曾经。

——王丽慧 2018.1.6

学生感悟

生命不过三天：昨天，今天，明天。虽然明天的太阳还会有，但永远不会有今天的太阳了。没有人不爱惜他的生命，但没有人珍视他的时间。你浪费的今天，是你怎么努力也回不去的昨天。你觉得你还年轻吗？没关系，很快就会老了。

——陈树彬 2018.1.6

每日一句
又是一个假期的开始，又是一个春天的孕育，等待着下一个秋天的收获。你已经经历了很多个这样的轮回，不知道这个假期你又会怎样度过，请认真思考和实践。 　　　　　　　　　　　　　　　　　　辅导员：郭凤臣　日期：2018.1.7

每日一句

　　人要活得漂亮，走得有力量。无论你是谁，宁可做拼搏的失败者，也不要做安于现状的平凡人。造船的目的不是停在港湾，而是乘风破浪；做人的目的不是窝在家里，而是打造梦想。不看昨天谁是你，只看今天你是谁；不谈以前的艰难，只论现在的坚持。人生就像舞台，不到谢幕，永远不要认输！知行合一！全力以赴！

辅导员：郭凤臣　　日期：2018.1.9

学生感悟

　　多次的失败会让我们灰心丧气，多次的挫折会让我们一蹶不振。当然，经历过多次的失败会让我们找到成功之路，经历过多次的挫折会让我们找到拼搏之桥。人生是短暂的，如流水，稍纵即逝。在短暂的一生中，我们会尽力完成我们的愿望，但是如果不经历风雨怎么能看到彩虹，不经历磨难怎么能走向成功？人生是多变的，但人的毅力是永远不变的。只要我们朝着一个方向努力，成功就在眼前。沉沦的人们，让我们觉醒吧！朝着成功的朝阳，踏着努力的云朵，去创造美好的明天。人生拥有无数的酸甜苦辣，人生会经历无数的失败与挫折，但我们要勇敢地面对。酸会让我们懂得成功的方法；甜会让我们懂得拼搏的作用；苦会让我们懂得奋进的重要；辣会让我们懂得努力的真谛。失败会让我们成功，挫折会让我们崛起！

——程扬威 2018.1.9

学生感悟

　　在我们还可以奋斗的年纪，你确定要懒惰吗？你确定不去拼搏吗？你确定要安于现状做一个碌碌无为的人吗？人总归要成长，没有梦想就像没有了灵魂，没有灵魂的指引，也就不会去努力，何来成功？无论今天谁是你、你是谁，都要学会去努力。

——邻林 2018.1.9

学生感悟

　　在我们身边，有一些人沉得下心，耐得住寂寞，也不肯轻言放弃。或许他们没有大事业，但在人生路上，已是赢家。熬得久了，心性就磨炼得坚韧了。在千锤百炼中，他们可能会被打倒，却绝不会被击垮。

——杨寅奇 2018.1.9

每日一句

　　天天都在说做计划，可是又有几个人做了计划又去执行呢？那么建议：先把身边和当下的每一件小事做好，认真完成；不管你一天中做了什么，觉得有意义就行；在度过有意义的一天之后，再把每件小事做好，那么你就成功了。

辅导员：郭凤臣　日期：2018.1.10

学生感悟

　　你想要好的成绩，但是你不去努力学习；你想要富裕的生活，但是你不去拼搏奋斗；你想要健康的身体，但是你没能坚持锻炼；你想要称心如意的生活，但是你从未真正改变过自己。你尽力了，才有资格说自己运气不好。

——李玉婷　2018.1.10

学生感悟

　　人们总是执着地相信一个虚假的东西是正确的，总是坚持着自己那个错误的观点。有时，坚持不一定会胜利，因为坚持的方向不对。越是投入金钱、精力、心血，越是付出代价，他们总是越愿意相信自己坚持的是对的。总是有太多的人不愿意去面对现实！

——申佳宁　2018.1.10

学生感悟

　　改变从来不嫌晚。如果发现生活不如意，我也不会缺乏从头再来的勇气！

——芦越　2018.1.10

学生感悟

　　勇于开始，才能找到成功的路。世界会向那些有目标和远见的人让路。即使爬到最高的山上，一次也只能脚踏实地迈一步。积极思考创造积极人生，消极思考创造消极人生。

——邱琳　2018.1.10

学生感悟

　　最使人疲惫的不是道路的遥远，而是心中的郁闷；最使人颓废的不是前途的坎坷，而是自信的丧失；最使人痛苦的不是生活的不幸，而是希望的破灭；最使人绝望的不是挫折的打击，而是心灵的死亡。所以我们凡事要看淡些，心放开一点，一切都会慢慢变好的。

——李瑞军　2018.1.10

每日一句

能力再强，也无法弥补态度的短板。因为一个人的成就常常取决于他愿意做多少，而不是他能做多少。态度决定行为，行为决定命运。

辅导员：郭凤臣　日期：2018. 1. 11

学生感悟

态度取决于自己。有个良好的态度，就像拥有一个良好的习惯一样，会让自己受益匪浅。当你能力达到一定程度时，成功与否的关键就是态度。有句话说得好，态度取决一切。一个良好的态度，是万事的开头。

——张之敏 2018. 1. 11

学生感悟

态度决定一切。人与人之间最大的差距，不是智商的差距，而是对待同一件事的不同态度。以学习为例，刚开始大家的基础都差不多，但有的人重视，并持之以恒地学习，有些人不以为意，三天打鱼两天晒网，日积月累，慢慢地差距就越拉越大。

——许镱凡 2018. 1. 11

学生感悟

态度决定成败。在平常的工作和学习生活中，少一些抱怨，多一些热情，少一些消极，多一些努力，少一些攀比，多一些淡泊。

——林娜 2018. 1. 11

学生感悟

一件事的成败往往是由态度决定的。什么样的态度决定什么样的生活，要想改变我们的人生，第一步就是要改变我们的态度。只要态度是积极的，我们的世界也会是光明的。

——房洁 2018. 1. 11

学生感悟

不论一个人在工作上有多么强的能力，对待事情的态度不正确，就会变成劣势的一方。

——毕海迪 2018. 1. 11

每日一句

职场也是同样的道理，就算能力再强，不肯付出，偷工减料，上班比谁都懒散，下班比谁跑得都快，这样的人，真的也不怎么样。

辅导员：郭凤臣　日期：2018. 1. 12

学生感悟

做到实实在在，诚诚恳恳。

——李祎 2018.1.12

每日一句
大多数人希望自己的生活富有意义。但是生活不在未来，只有重视今天，自我激励的力量才能汩汩不绝。勤奋成就生活之美！ 　　　　　　　　　　　　　　　　　辅导员：郭凤臣　日期：2018.1.13

学生感悟

想的总是美好的，要努力去做，要勤劳。

——钟桂东 2018.1.13

每日一句
那弥足珍贵的季节，怎能经得起一掷千金？千金可以收回，但无论是一小时还是一分钟，失去了便无处可寻了。青春属于自己，把握它、运用它、珍惜它，才能收获金秋的硕果。 　　　　　　　　　　　　　　　　　辅导员：郭凤臣　日期：2018.1.15

学生感悟

把握好属于自己的青春。

——谢欣 2018.1.15

每日一句
自尊不是通过负能量的行为获得的，正能量才能让你越走越远。 　　　　　　　　　　　　　　　　　辅导员：郭凤臣　日期：2018.1.16

学生感悟

　　刚刚从"困境"中走出来，我觉得世界太美好，充满了阳光，充满了希望。我之前想法很多、很乱、很杂，说出来就是负能量，而幸运永远留给积极向上的人。我不怕千人阻挡，只怕自己投降。受得了多大的委屈，就能成就多大的事；受得了多大的诋毁，就能承受得住多大的赞美。你要尽全力保护你的梦想。那些嘲笑你梦想的人，他们必定会失败，他们想把你变成和他们一样的人。我坚信，只要我心中有梦想，我就会与众不同。你也是。

——王彤彤 2018.1.16

学生感悟

心态比行为重要，内疚是最大的负能量。不要把负能量看作消极、仇恨，其实它的作用是激励。希望未来活得像自己，不管成功失败，愿此生不虚此行。

——朱彤 2018.1.16

学生感悟

人可以拒绝任何东西，但绝对不可以拒绝成熟。拒绝成熟，实际上就是在规避问题、逃避痛苦。心智成熟的旅程艰苦卓绝，无论思考还是行动，都离不开勇敢、进取和独立的精神。所以，这真的是一条少有人走的路。忍受生活的艰辛与磨难，最终才能达到人生新境界。

——李梦禹 2018.1.16

学生感悟

坚持传递正能量的人是伟大的，我们要向他们学习。

——杜海龙 2018.1.16

学生感悟

有些压力总得自己扛过去，说出来就成了充满负能量的抱怨。寻求安慰也无济于事，还徒增了别人的烦恼。而当你独自走过艰难险阻，一定会感激当初一声不吭咬牙坚持的自己。

——王彪 2018.1.16

每日一句
对时间的珍惜，做事的认真，为人的诚信，人生的感悟，构成一个人成功的前提。 辅导员：郭凤臣　日期：2018.1.17

学生感悟

时间是最留不住的东西，它过去了就过去了，不会再回来。人不可能两次踏进同一条河流，所以我们要珍惜每一天，将每一天都合理地利用起来，不让它白白流逝。我们做事也应该认认真真，对待每一件事都要付出自己的全部，这样才能活得更精彩！

——孟昭君 2018.1.17

每日一句
每一天都应有所收获，每一天都应有所更新，每一天都应有所总结，每一天都应有所计划，每一天都应有所阅读，这才是充实的一天。 辅导员：郭凤臣　日期：2018.1.18

每一天都要有不同的体验，收获不同的想法、不同的成果。一天结束要有所总结，不能盲目地去过这一天。

——张欣宇 2018.1.18

每日一句
旅游是一种休息方式，之后将要开启一段新的心路。寒暑假是大学期间的一段旅途，新学期就是新的心路。<div align="right">辅导员：郭凤臣　日期：2018.1.19</div>

学生感悟

旅行是一个认识自己的过程，通过完全不同的新生活，最后认识的是你自己。你不那么娇气，不那么害怕，不那么永远幸运，不那么总是被人珍视，不那么脆弱，而是一个能克服困难的人。当我们满足于眼前的生活而苟且偷安时，就局限了我们对生活的体验。当终于有一天我们明白过来的时候，你将发现所厮守的这种生活是以我们曾有的梦想作为代价的。对未知的恐惧，对舒适的留恋将阻止我们走上冒险的旅程。可是，当你做出选择，你就永远不会后悔。

——罗文娟 2018.1.19

每日一句
美丽的校园，必须要有一种美丽精神存在，没有精神的大学是没有什么意义的。<div align="right">辅导员：郭凤臣　日期：2018.1.20</div>

每日一句
旅途不在于你走得多远，而在于你看到多少和收获多少。<div align="right">辅导员：郭凤臣　日期：2018.1.27</div>

学生感悟

不要失心于路上的风景，要走到最后。

——李祎 2018.1.27

每日一句

城市、农村是地域的不同，它不能限制你拥有同样的积极态度。

辅导员：郭凤臣　日期：2018.1.28

学生感悟

每个人的起点不同，不要抱怨，不忘初心。

——谢欣 2018.1.28

每日一句

"教养比法律还重要，它们依着自己的性能，或推动道德，或促成道德，或完全毁灭道德。"

辅导员：郭凤臣　日期：2018.1.29

学生感悟

一个素质高、有教养的人，必须有良好的文明礼仪。这样的人，被人尊重，受人欢迎。从心理学上讲，被众人接纳的程度高，有利于建立和谐的人际关系，有利于打开局面，发展事业。如果缺乏教养，不懂文明礼仪，则不受人欢迎，难登大雅之堂。文明礼仪是一个人素质高低的重要标志，文明礼仪与个人的利害更是息息相关。

——王成茜 2018.1.29

学生感悟

教养是表面的一套礼仪，表现在行为举止方面。道德是内心对一些事情是非对错的看法。人的属性来源于先天形成和后天培养，其中后天培养起到决定性的作用。教养属于后天培养中的一种。耳濡目染的结果不是自然而然就是离经叛道，而前者显然是远远多于后者的。

——王雅琼 2018.1.29

学生感悟

一个人的修养和道德素质决定一个人的未来路线。时刻提醒自己，作为大学生，要不断学习更深的素质道德。

——刘凡星 2018.1.29

每日一句
感受生活，感受人生，感受大千世界的冷暖。吸收他人的优点，吸收他人的精彩，吸收他人的阳光，使自己从容地面对生活。
辅导员：郭凤臣　　日期：2018.1.30

学生感悟

学会吸收别人的优点。

——钟桂东 2018.1.30

每日一句
服装大赛是一个展示服装学子专业能力的平台，也是服装学子同行交流的平台。它可以让你的就业走上一条捷径。吸取别人的长处，来补足自己的短板。
辅导员：郭凤臣　　日期：2018.1.31

学生感悟

确定好自己的道路，并坚定地走下去。

——王岩 2018.1.31

2018 年 2 月
——时光流逝

时间都去哪儿了？还没好好感受大学生活，孩子们就要大学三年级了！有人说，教书育人是一场暗恋，费尽心思去爱一群人，结果却只感动了自己！有人说，教书育人是一场苦恋，真心真意爱一群人，他们总是会离你而去！有人说，教书育人是一场单恋，学生虐我千百遍，我待学生如初恋。是的，老师做的就是这么一份工作！曾几何时，这些事你们一定做过：老师要点名时大部分人不约而同地低下了头；考试前在课桌上写下还没有背熟的服装代称；上课时，校方再三强调不允许将小食品带进教室，但依然也要吃零食！时光流逝，同学们才发现，那些年做过的事、听过的话，令人如此怀念。常常累得伏案而息的老师，比任何人都希望学生成才。教育无他，唯爱与陪伴！

每日一句

转眼步入大三的你们，是否真的有了人生的定位与方向，是否还在虚度光阴？为了自己的梦想，你是否抛开一切，为了那一个方向去用尽全力？青春不复返，愿同学们珍惜大三这一年的时光，为自己做一些有意义的事、难忘的事，不虚度光阴，不留下遗憾！高尔基曾说过，世界上最快而又最慢，最长而又最短，最平凡而又最珍贵，最容易被人忽视而又最令人后悔的就是时间！关于考研，尽快确定，不要犹豫和徘徊。要有自己的主意，贵在坚持。读研能提高就业的质量和层次。学习要讲究方法。

辅导员：郭凤臣　日期：2018.2.1

每日一句

二十不勤，三十不立，四十不富，五十而衰靠子助。2018 年最经典的话语：请不要假装很努力，因为结果不会陪你演戏！

辅导员：郭凤臣　日期：2018.2.3

学生感悟

有这样一句话：努力不一定会成功，但是不努力一定会失败，越努力的人就会越幸运。我们没有过人的头脑，就需要比其他人都更努力。在想要做的事情上，我比任何人都努力，不管结果是否和自己要求的一样，但是内心一定要做到无怨无悔。

——倪培瀚 2018.2.3

学生感悟

真正优秀的人，是停不下来的，因为内心深处有一种对未知的恐惧。对于知识，他们永远觉得自己不够。我们可以焦虑地勤奋，也可以快乐地勤奋。生活里，优秀的人就是比一般人努力，而且是全方位的认真努力，真的不是为了比谁强，而是觉得自己知道的太少。稀缺就会引起追逐，但追逐才能进步。毕竟我们不是只看钱，而是希望在有生之年，能活得更有滋味一点。

——朱思嘉 2018.2.3

每日一句

你的责任就是你的方向，你的经历就是你的资本，你的性格就是你的命运。

辅导员：郭凤臣　日期：2018.2.4

每日一句

今天的贪玩，造就明天的无奈，明天的无奈，必将导致后天的无为。

辅导员：郭凤臣　日期：2018.2.5

学生感悟

我们做事一定不能拖沓，心里的行动不代表身体上的行动。光动嘴皮子是不够的，如果想要成功就一定要一鼓作气。我们学过这样一句话：一鼓作气，再而衰，三而竭。这句话就诠释了这个道理。想要成功就一定要思想与行动一致，行动一定要多于想法。成功从来不是一蹴而就的。

——尹英 2018.2.5

学生感悟

你要对你的未来和方向负责，参加社会实践，积累你人生的经验。决定你命运的是你的性格，养成好的性格，拥有好的生活态度，才能在实践中积累经验，从而将你的经历变成你的资本。所以不要抱怨生活，用热情的心态去对待所有的琐碎。用好的性格去把控生活，做最好的自己。

——张孝侦 2018.2.5

学生感悟

人的一生，没有谁的路是平坦大道，是一帆风顺的。如果追求安逸，必将掉入碌碌无为的陷阱。

——周炫冶 2018.2.5

学生感悟

这句每日一语让我想到明代诗人钱福的《明日歌》：明日复明日，明日何其多，我生待明日，万事成蹉跎。懒惰是每个人的天性，今天应该干的事情一直拖，一直拖，一天就这样完了。我经常用"我生待明日，万事成蹉跎"来激励自己。

——张紫薇 2018.2.5

学生感悟

不要忘了当初为何出发，是什么让你坚持到现在，勿忘初心。不要等到夕阳西下的时候在那里抱怨时运不济，懊悔自己一生碌碌无为。放下你的浮躁，放下你的懒惰，放下你的三分钟热度，放空你禁不住诱惑的大脑，放开你容易被任何事物吸引的眼睛，放淡你什么都想聊两句八卦的嘴巴，静下心来好好做你该做的事，你的努力是唯一能让你站稳脚的依靠。

——木尼拉 2018.2.5

假期要做的事——看一本自己喜欢的书

学期中，我们常会吐槽时间碎片化，没有时间看书。那么寒假这个大段时光可以好好把握。选一本自己感兴趣的书，认认真真地品读完，想必会收获多多。

辅导员：郭凤臣　日期：2018.2.6

学生感悟

读一本好书，就如交了一个好友。书是另外一个世界，它五彩缤纷，记录这世界上千奇百怪的事物，可以让我们知道许多未知的世界，接触一些我们接触不到的层面。多读一本书，我们就等于多接触了一个世界。我们的世界会因为书的存在而更加美好。记得小时候老师总会说，选一段话，作为你的学习目标或者你的格言，当时我就想起了这句话，"为中华之崛起而读书"。古有寒窗苦读十年，但对于当今的大学生来说，应该是不止十年了，但是许多人不会有古人所拥有的那种风格和气节。这不是说我们相比古人来说缺了什么，而是我们还是读的书少了。古话说得好，书中自有颜如玉，书中自有黄金屋。所以就先从读书做起吧，从书中去学做人的道理，去学为人处事的根本。书山有路勤为径，学海无涯苦作舟。

——孙丽媛 2018.2.6

假期要做的事——去一个新的地方

我们常说，心灵和身体，总有一个应该在路上。即便是学校所在地或是家乡，也有我们没有到达过的地方，选一个晴朗的天气，背上背包，带上相机，世界那么大，去看看吧。

辅导员：郭凤臣　日期：2018.2.7

寒假里应该做的事情——给妈妈做一次家务

20岁以前，父母每天都能看到我们，而现在我们一年只回家两次。现在，父母基本都已经快50岁，如果他们可以活100岁，只剩100次见面了。对于很多外地的同学来说，一年基本只能回两次家。所以多陪陪父母吧，帮妈妈做一做家务吧，可以是烧一顿饭，也可以是洗一次碗，最重要的是让妈妈知道，你爱她，心疼她。

辅导员：郭凤臣　日期：2018.2.8

学生感悟

我感觉咱们越长大越孤单了，和父母敞开心扉聊天的机会少了，学校放假也不怎么回家看看父母、陪父母说话少了。我也是，可能路途有些远，可能我有时候忙于学习，或者有别的事情，没太顾得上和妈妈的沟通。记得上次回家，我看妈妈，感觉她苍老了很多。我在寒假的日子，陪妈妈逛街、染头发，妈妈很开心。所以多让父母开心，多打电话，多联系，让父母知道你在学校发生的事情，好的、坏的，都要分享，别让他们感觉到孤独。有时间多陪陪父母吧。

——李祎 2018.2.8

学生感悟

父母在不远行，但是，外面的世界很精彩，我想去看看。选择了远方，从此，便只顾风雨兼程。不知道什么时候起，心里总有一块地方是虚的，那里被愧疚填满。故乡只有冬夏再无春秋，父母的思念都化作对你的琐碎嘱咐。如今只愿有一天你能撑起一片天，不负期盼，愿你成功的速度能赶上父母老去的速度。

——陈雪鹏 2018.2.8

学生感悟

看到这段话，内心有一种难以表达的感受。我就是那个外地上学的孩子，一年也真的只是回家两次，和父母见面的机会真的是屈指可数。爸爸妈妈辛苦养育我这么久，但是只要我多陪他们唠会嗑、洗洗碗什么的就可以让他们很满足吧。所以一定要在和爸爸妈妈在一起的时间里多让他们感受到你爱他们，不需要多么华丽的礼物，只要多陪陪他们、做一些家务就可以啦。

——李娜 2018.2.8

学生感悟

对这句话，我很有感触。说真的，他们都已经快 50 岁了，他们还能有多长的时间让我去孝顺他们呢？他们已经为我付出了 20 年，还能有几个 20 年能让我去回报？中国人要以孝为先。我懂得，如果连孝都做不到，对任何人都不会真心实意。一个对父母都不闻不问的人是绝对不会对任何人认真的。所以我要从身边小事做起，从多回家看看开始。

——王伊健 2018.2.8

学生感悟

责任使一个人做事具有魄力，有自信、有能力做一件事。责任会让一个人对他人产生义务。经历会丰富自己的阅历。担当是向内的，强调对自己能力的认可，能够发挥自己的优势，并产生价值。

——张梦竹 2018.2.8

假期里应做的事——和爸爸聊一次天

　　中国式的父亲总是沉默的存在。网上有一个段子：和父亲讲得最多的一句话就是："爸，我妈呢？"和爸爸认真地聊一次天吧，可以畅所欲言，也可以和他交流你对于未来的规划和想法。你会发现，父亲其实比想象中健谈。

　　　　　　　　　　　　　　　　　　辅导员：郭凤臣　日期：2018.2.9

学生感悟

　　时间毫不留情。随着我们长大成人，我们和父亲的交流也随之减少。父亲的话永远像一只有力的大手为我们扫开眼前的阴霾，支撑我们一往无前。在假期多和父亲谈谈心，会有意想不到的收获。

　　　　　　　　　　　　　　　　　　　　　　　——张宇星 2018.2.9

学生感悟

　　中国式父女总是用沉默来交流，为什么会这样？是手机、电脑、游戏、学习限制了我们吗？小时候会是，但长大后你会发现想和父亲聊一聊也无话可说了。希望同学们可以放下手中的东西和父亲来一次畅所欲言的谈话！你会从中发现父亲是一个多么感性的人，可以从中得到生活经验。关怀父母，感谢他们为我们付出的一切。

　　　　　　　　　　　　　　　　　　　　　　　——林沐子 2018.2.9

学生感悟

　　小时候特别害怕父亲。他总是那么严厉！他的眼神总是在告诉你，你不该这样，不该这么淘气！我不敢看他的眼睛！于是越长大越和父亲有距离。直到一次父亲喝醉后和我彻夜长谈，我和父亲的距离才拉得更近！原来小时候父亲的爱是严厉，他想让我成为一个优秀的人，所以不得不对我严厉！我和他讲了我的人生规划和梦想，他热泪盈眶地看着我说："我的姑娘，爸爸很爱你，你要懂得对你严厉也是爱！"心里的那块石头终于落地了！后来我的什么事情都和他商量，他给我指引方向。他告诉我，现在我肝肠寸断的痛苦，未来的某一天都会笑着说出来！

　　　　　　　　　　　　　　　　　　　　　　　——芦越 2018.2.9

每日一句

假期应做的事——去拜访一位老师

江湖流传着很多老师的传言，有一条就是老师往往只记得最优秀和最学渣的同学，所以对于老师，很多同学毕业就是再见。其实不然，师者父母心，大多数老师都是付出真情实感的。有空去看看老师吧，不只是学校的教师，也可以是对你成长有帮助的心灵导师，说不准有意外的收获。

辅导员：郭凤臣　日期：2018.2.10

每日一句

假期里应当做的事——学习一项新技能

看到技能两字，很多同学都慌了吧？其实，没有想象中恐怖，学个 PS，学个摄影，学个瑜伽，都是技能呀。平时我们常常抱怨没有时间，寒假这么大段的时间当然得好好利用啦！怕的不是不努力，而是比你优秀的人比你更努力。

辅导员：郭凤臣　日期：2018.2.11

学生感悟

每个人都有自己擅长的事。也许你永远学不会在社交场合侃侃而谈，但你可以写出打动人心的好文章。也许你永远弹不出一首完整的曲子，但你可以在羽毛球场挥洒自如。找到自己的优点和特长，然后专注于你擅长的事，把事情做好的过程，也会让你变得越来越自信。

——杨寅奇 2018.2.11

每日一句

假期里应该做的事——做一件好事

好像过了小学，就忘记"好事"怎么写了。做一件好事，可不是强行扶老爷爷、老奶奶过马路哦，顺其自然吧。随手将地上的纸袋扔进垃圾箱，给路人指路，公交车上给老人让座，每一次的好事背后都是满心欢喜。

辅导员：郭凤臣　日期：2018.2.12

学生感悟

做好事，从我做起，从小事做起。

——李祎 2018.2.12

假期里应当做的事——给新学期列一个规划

快乐的时光总是短暂的。寒假吃喝玩乐的同时可以抽一点时间想想下学期的规划。不要做学渣？不要做宅男？那就大声告诉自己吧。告诉自己怎么做？然后付诸实际。任何时候，办法总比问题多！

辅导员：郭凤臣　日期：2018.2.13

学生感悟

我们有一种天生的惰性，总想着能够吃最少的苦，走最短的弯路，获得最大的收益。有些事情，别人可以替你做，但无法替你感受。缺少了这一段心路历程，你即使再成功，精神的田地里依然是一片荒芜。成功的快乐，收获的满足，不在奋斗的终点，而在拼搏的过程，所以，该你走的路，要自己去走，别人无法替代。

——杨康杰 2018.2.13

假期里应当做的事——静静发呆，体会人生

常在朋友圈看到朋友们说想静一静，在这个忙碌的生活，发呆都成了奢侈。每一个人都应该学会静下来，享受生活。有些时候，不要问"静静"有什么意义，因为"静静"本身就是意义。

辅导员：郭凤臣　日期：2018.2.14

学生感悟

初高中时，"发呆"往往被理解为上课走神，不认真听讲。到了大学以后，日程安排大多能自己做主，可是娱乐活动和人际交往却占据了太多的时间，同时也无形中消耗了我们的思考能力。对于现在的我们来说，"发呆"也可以定义为独立思考，定义为与自己独处。一个人只有在充分了解自己之后才能更好地成长。

——陈妍秀 2018.2.14

学生感悟

给生活一些细节，给信仰多些虔诚，给成长多些记忆。要做一个勇敢的追梦人，也要做一个集智慧和才华于一身的成功者。当你真正感到疲倦的时候你就应该静下来去问问你的灵魂，去思考是否真的要继续下去，为这不可反复的人生付出一切也在所不惜。在快节奏的时代，能够真正慢下来而不被淘汰的人才是最后的赢家。

——廖顺 2018.2.14

每日一句

与狼在一起，终究一天会成为狼；与猪在一起，终究一天会成为猪！

辅导员：郭凤臣　日期：2018.2.17

学生感悟

狼和猪好区分，准确定位自我却不易！审视自己，确定自我的角色，找准人生的定位！

——古皓铨 2018.2.17

学生感悟

狼行千里吃肉，马行千里吃草；活鱼逆流而上，死鱼随波逐流。有这么一句话我非常欣赏："真的很累吗？累就对了，舒服是留给死人的！"

苦，才是人生；累，才是工作！

变，才是命运；忍，才是历练！

容，才是智慧；静，才是修养！

舍，才是得到；做，才是拥有！

如果感到此时的自己很辛苦，告诉自己：容易走的都是下坡路，坚持住，因为你正在走上坡路！

——程伟业 2018.2.17

学生感悟

这句话给我的感触很大。都说择友要慎重，但我认为朋友不是起决定性作用的，如果自己能保有本心，想被带跑偏也费劲。做好自己，加油！

与凤凰同飞，必是俊鸟；与虎狼同行，必是猛兽！你能走多远，看你与谁同行！人抬人抬出伟人，僧抬僧抬出高僧！

你把身边的人都看成宝，你被宝包围着，你就是"聚宝盆"。你把身边的人都看成草，你被草包围着，你就是草包。

人生，就是要懂得放大别人的优点，欣赏别人的长处，才能相互协作，相互支持，价值共赢！

——刘海停 2018.2.17

每日一句

做人，格局决定了你的高度。格局就是指一个人的眼光、胸襟、胆识等心理要素的内在布局！一个人的格局大了，未来的路才能宽。

辅导员：郭凤臣　日期：2018.2.18

学生感悟

当代大学生要有自己远大的目标，在你向目标前进的同时要不断要求自己、提高自己。要让自己有应有的素质和能力，想要达到想要的高度，就要先把自己看得有那个高度。

——刘凡星 2018.2.18

学生感悟

在我们可以自由疯狂的时候，提升内在的素质与修养，也是成就自己的必修课。书籍不只是纸张的堆积，也是知识的记载。修养与领悟，让自己成为有能力的潜伏者，不辜负这美好青春，学习的时光。

——谷晓雨 2018.2.18

每日一句

唐僧的诚，在宗教层面叫虔诚，在儒家文化中则是真诚、精诚。《中庸》曰："唯天下至诚，为能尽其性；能尽其性，则能尽之性；能尽人之性，则能尽物之性；能尽物之性，则可以赞天地之化育；可以赞天地之化育，则可以与天地参矣。"

辅导员：郭凤臣　日期：2018.2.19

每日一句

孙悟空的精神是斗。孙悟空天不怕，地不怕，所以他敢一闹海龙宫，二闹地狱府，三闹天宫，还和佛祖打赌。他叛逆，不愿受拘束，不墨守成规。充沛的生命力、大无畏的精神、笃实的性格和乐观的个性，使他不怕吃苦，勇于面对挑战，这值得我们大学生学习。

辅导员：郭凤臣　日期：2018.2.22

学生感悟

我有时很像孙悟空，天不怕地不怕。但是我没有他的气概和勇气。在孙悟空身上体现最突出的就是强烈的反抗精神。当年神仙们给了他一个弼马温的小官，他知道真相后，一怒之下竖起反旗。许多人在小说中是看到了孙悟空天不怕地不怕的本领，实际上他表现的是一种对压迫的不甘，他展现了强烈的反抗精神。

马克思说："生活就像海洋，只有意志坚强的人，才能到达彼岸。"生活就是向困难发起一次次进攻，在前进的道路上，有压力才会有奋起，有险阻才会有进击。波涛汹涌的航程才能造就驾驭风浪的水手；坎坷曲折的人生才能培育敢于斗争的勇士。

从失败中学会坚强，从跌倒中学会坚强，从嘲笑中学会坚强，从伤心中学会坚强，从痛苦中学会坚强，从生活中学会坚强。

人生需要坚强，因为坚强是精神的支柱，是跨越坎坷的信念，是成功胜利的根本。一个人，如果不坚强，那他的心灵就永远是一片黑暗沉寂的世界。

坚强是我们必有的意念。是坚强，给予了我信心；是坚强，给予了我温暖；是坚强，给予了我关爱。

我欣赏坚强的人，因为他们像一本励志的书，厚重而有内涵，深沉却不悲怆，读了总会令人得到鼓舞，让人受益良多。我喜爱坚强的人，因为他们像一杯陈酿的酒，由内而外散发出醇香，值得周围的人细细品味。我敬佩坚强的人，因为他们像一盏烛火，用生命的热忱，燃炽出爱的光芒。

——王彤彤 2018.2.22

每日一句

八戒的特色就是贪吃懒惰，重视物质享受，遇到困难他就喊散伙，总是受到美女和金银的诱惑，几乎抛下其他人而中断修行之路。这些出乖露丑的行为，在吴承恩笔下不批判，甚至也不嘲讽。相反，八戒给人的印象是充满世俗的乐趣，接地气。猪八戒是世俗性格的典型代表，贪、嗔、痴、惧、色、懒，但此人比较好管理，只要驭用得法，还很能干，也不怕脏和累。当代的我们怎样去舍取呢，值得深思。

辅导员：郭凤臣　日期：2018.2.23

学生感悟

不忘初心，有舍有得。

——王岩 2018.2.23

每日一句

沙僧是一个中性人物，沉默寡言，随和低调，在师徒四人中起着黏合剂的作用。当唐僧在想、孙悟空在做、猪八戒在说的时候，沙和尚比任何人都低调，他在看。当团队动荡不安时，他稳如磐石。沙僧最可贵的品质就是劳而无怨，整个取经路上，脏活、累活、苦活大多落在他的身上，如挑行李、背死尸、埋人头，都完全由他承担。这是非常难能可贵的，我们应当学习。

辅导员：郭凤臣　日期：2018.2.24

每日一句

改变一种行为不要拖到明天，否则它会变成你的习惯。

辅导员：郭凤臣　日期：2018.2.25

学生感悟

人的一生面临许多选择，而每次选择都会带来一阵剧痛，这种剧痛叫作成长。别因为太过在意别人的看法，而使自己活得缩手缩脚。无论你做得多好，都会有人对你指手画脚。最能让人感到快乐的事，莫过于经过一番努力后，所有东西正慢慢变成你想要的样子！

——孙阳 2018.2.25

每日一句
拒绝一份诱惑不要拖到明天，否则它会对你造成伤害。 辅导员：郭凤臣　日期：2018.2.26

每日一句
抓住一次机会不要拖到明天，否则机会失去了就不会再来。 辅导员：郭凤臣　日期：2018.2.27

学生感悟

做事不要等到明天，一步一个脚印往前走。蚕蛹不相信坚硬的外壳，每天努力一点，终于获得了破茧重生的光明；水滴不相信自己的脆弱，日复一日，年复一年地撞击石块，终于造就了水滴石穿的奇迹；蜗牛不相信自己的缓慢，一步一个脚印地向自己的目标爬行，终于到达了自己的目的地。在生活中，也许你没有一个好的开始，但只要你一步一个脚印，每天努力一点，你终会获得成功。成长之路上也布满了脚印，我们不求每一个脚印写下的都是甜蜜与欢乐，但求无悔于每一个脚印；我们不求每一个脚印留下的都是幸福与微笑，但求无愧于每一个脚印；我们不求每一个脚印记下的都是美好和痛快，但求无憾于每一个脚印。

——程扬威 2018.2.27

学生感悟

机遇真是一种很奇妙的东西。它就像一个小偷一样，来的时候没有踪影，然而走的时候却会让你损失惨重，只有认真仔细的人才能够发现它。只有抓住机遇，才能有机会改变我们的人生拥有更光明的未来。机遇是可以创造的。在经过一段艰苦卓绝的奋斗后，良机便会赫然出现，这也是能力到了一定的积累后质的飞跃。机遇不喜欢懒汉，也不欣赏投机者，机遇总伴随着勤奋努力的人，不断开拓的人，持之以恒的人，力求创新的人。所以，让我们做一个机遇的创造者，并抓住机遇，扼住自己命运的喉咙，开创属于自己的人生。

——林娜 2018.2.27

学生感悟

在现实生活中，你和谁在一起的确很重要，甚至能改变你生活的轨迹，决定你的人生成败。和什么样的人在一起，就会有什么样的人生。和勤奋的人在一起，你不会懒惰；和积极的人在一起，你不会消沉；与智者同行，你会不同凡响；与高人为伍，你能登上巅峰。科学家研究认为："人是唯一能接受暗示的动物。"积极的暗示，会对人的情绪和生理状态产生良好的影响，激发人的内在潜能，发挥人的超常水平，使人进取，催人奋进。

——钟桂东 2018.2.27

每日一句
不要让今天的行动拖到明天，否则它无法带来精彩。<div align="right">辅导员：郭凤臣　日期：2018.2.28</div>

2018 年 3 月
——青春不复返

　　青春是一本难以读懂的书，当你还没细读，这一页已经翻过去了，就像盛开的花朵，你还没来得及欣赏，便已不见它的踪影了！

　　大学生活如黑夜中的流水不知不觉地就一大半已经过去了。时间虽然过去了，可记忆留在了心里。你们是在追梦还是在时间推动下无目的地前进，什么还没有得到就失去了青春？面对着空空的双手尽是无奈，尽是后悔。也许有的人不会这样，因为他们已经一路走好了，可是大部分的学生却走错了。然而路只有一条，而且是不归之路。青春，总是拥有的人挥霍，失去的人悲叹。它一阵风一样吹了过去，把一个幼稚的孩子给吹大了，把一切精力吹走了。为什么那时老师那么真诚的话学生们却听不懂、记不住？学生们回想起来会感慨，如果老师再说一次该多好啊！摘下学生的头衔，同学们将永远与青春告别，或是永别。虽然很多的梦想同你们擦肩而过，虽然你们有很多的遗憾，但同学们你们还是要坚持走下去。青春越走越远，你们要学会背负着青春走下去，让青春的精神永远焕发。

每日一句

不要把机会拖到明天，因机会是唯一的，你还要等到明天吗？

辅导员：郭凤臣　日期：2018.3.1

每日一句

学识决定眼界，眼界决定格局，而格局决定人的一生。

辅导员：郭凤臣　日期：2018.3.2

学生感悟

提高自己的眼界。

——李祎 2018.3.2

每日一句

学历代表过去，只有学习力才能代表将来。尊重经验的人，才能少走弯路。一个好的团队，也应该是学习型的团队。

辅导员：郭凤臣　日期：2018.3.3

每日一句

人生最大的喜悦，就是遇见与自己同频的那一盏明灯。你点燃我的激情，我点燃你的梦想；你照亮我的前途，我指引你走过黑暗的旅程。你、我，彼此是贵人，相互辅助，成就了对方，甚至成为一生的朋友。其实不是有了人脉才能做许多事情，而是做了很多事情才会有人脉！只要你在路上，就一定能遇见同行的人。勤奋，成就生活之美！

辅导员：郭凤臣　日期：2018.3.4

学生感悟

遇见是最美丽的意外。

——李祎 2018.3.4

每日一句

新学期，新气象，要做到收心、收神、收手，开始崭新的每一天。

辅导员：郭凤臣　日期：2018.3.5

学生感悟

新的一学期就这样在我不知道的时候开始了。相比大一，我觉得自己知道了我要干什么，也有了自己的一点打算，不像是刚来的时候特别的迷茫，大二的这下半学期我也有了想要学习的想法，收回了自己的心思，学会了很多的东西。我想在这个下半学期，除了将现在所学的课学好，再买一些考教师资格证的书看看，为以后做打算。这次回家，家里有些事让我也看看有什么主意的时候，我突然意识到我也可以做主了，那时候才确定了真正要努力的想法。在毕业的时候一定要有成绩，让自己不后悔。

——孟昭君 2018.3.5

每日一句
从高中到大学都要这样，多读书，记日记（写点东西），学英语，保持良好的作息规律，保持好身材。 辅导员：郭凤臣　日期：2018.3.6

每日一句
认真生活的人，不惧怕变老，因为上了年纪，会开始明白很多事情；认真生活的人，不趋炎附势，不轻易盲从，因为他有自己坚持的东西。只要我们保持正确的流向，我们就可以掌握自己的命运。有时候，天赋就像潜能，需要挖掘，才能显示出它本来的力量。 辅导员：郭凤臣　日期：2018.3.8

学生感悟

认真做好自己，自己掌握命运。

——李祎 2018.3.8

每日一句
一个人心态好，人缘就好，因为懂得宽容；一个人心态好，做事就顺，因为不拘小节；一个人心态好，生活就愉快，因为懂得放下。所以千万别让脾气和本事一样大。越有本事的人越没脾气。心态好的人，处处圆融，处处圆满。好的心态，能激发人生最大的潜能，好心态是一个人最大的财富。 辅导员：郭凤臣　日期：2018.3.9

学生感悟

心态很重要。一位伟人说："要么你去驾驭生命，要么是生命驾驭你。你的心态决定谁是坐骑，谁是骑师。"我们不能决定自己的遭遇，但是我们可以决定自己的心态。我们不能改变别人，却可以改变自己。没有十全十美，也没有尽善尽美，不求事事如意，只求问心无愧。一个人的心态决定一切。

——尹文赫 2018.3.9

每日一句
有苦有累自己扛，有福有甜自己尝！不美慕，不嫉妒，安心享受，不孤独，不忧伤，独自奋斗，没人惯着你，那就靠自己！
辅导员：郭凤臣　日期：2018.3.10

学生感悟

假若你的生活不够好，那么，加油努力吧！不要抱怨，起而行之，迎头赶上，方是正途。假若你已经拥有很多，却依然活得不快乐，那么，让自己慢下来，多安排一些时间回归心灵，回归生活，才是幸福之径。不要羡慕、嫉妒，勇于做回自己，享受自己不一样的人生。

——张婉婷 2018.3.10

每日一句
艺术之旅，虽然孤寂，但丰富多彩。这不是颜料的五颜六色那样的精彩，而是灵魂深处的精彩。
辅导员：郭凤臣　日期：2018.3.11

学生感悟

艺术来源于生活，艺术属于孤独。每当一个人想要去做一些事情，常常想和他人做伴，但，人，从出生之时起便是一张白纸，一直靠别人或者求助，人生只会无彩，人注定孤独而精彩，用自己的手去绘一张宏图，孤独是精彩的开始。

——邵敏 2018.3.11

　　心累的时候，换个角度看世界；压抑的时候，换个环境深呼吸；困惑的时候，换个角度去思考；犹豫的时候，换个思路去选择；郁闷的时候，换个环境找快乐；烦恼的时候，换个思维去排解；抱怨的时候，换个方法看问题；自卑的时候，换个想法去对待。换个角度，世界就是另外的样子！

辅导员：郭凤臣　日期：2018. 3. 13

学生感悟

　　坚持把简单的事情做好就是不简单。坚持把平凡的事情做得不平凡，不要让追求之舟停泊在幻想的港湾，而应扬起奋斗的风帆，驶向现实生活的大海。

——赖丽云 2018. 3. 13

　　一个人只有挺住今天含泪的耕耘，才会赢得明天欢笑的收割；人不要急于获得回报，只要你种下种子，就一定会有收获！只管耕耘，不问收获，因为播种和收获往往不在同一个季节！有时候，不是树太高，而是你没有努力往上爬；不是井里没水，而是你挖得不够深；不是成功来得慢，是放弃得快。成功不是靠奇迹，而是靠耕耘到成熟的轨迹！

辅导员：郭凤臣　日期：2018. 3. 14

学生感悟

　　我是一个三分钟热度的人，所以对这句话真的很有感触。坚持不一定会成功，但是放弃一定会失败。在最后一秒还没到来之前，所有的一切都是未知的。生活中我们无法回避挫折，只能面对，重要的是在挫折中能坚持到底，永不放弃。永不放弃的人，往往会享受到胜利与成功带来的喜悦。而轻易放弃的人，失败永远是不可抹去的阴影。

——房洁 2018. 3. 14

学生感悟

　　当你意识到是你决定了自己的未来时，你就能更充分地体验人生。当你不把自己的缺点、失败或胆怯归罪于他人，你就会为未来的圆满人生打下基础。

——努尔艾力 2018. 3. 14

每日一句

人无远虑，必有近忧。人没有对将来的考虑，就必定会有近在眼前的忧愁。

辅导员：郭凤臣　日期：2018.3.15

学生感悟

昨日的决定不正确，昨日的作为不周延，才造成今日的困难，假如重新来过，哪些错误是可以避开的？去认知、体悟这些事物间的因果关系，去检讨，不但学得教训、经验，不致重蹈覆辙，还能强化对事物相关影响的认知，增加自己的判断力。俗语说，"不增一事，不长一智"，就是这个意思。所以郭老师在大一就让我们写自己的各种计划，也是这个道理。

——赵慧婷 2018.3.15

学生感悟

人生如逆流而上，不进则退。一定要把眼光放得长远，对自己的未来有计划，这样才能走在社会的前列，融入优秀的圈子，而不是让惰性侵蚀自己，变得更加懒散。

——耿炳温 2018.3.15

学生感悟

如果你觉得安于现状是你想要的，那选择安于现状就会让你幸福和满足。如果你不甘平庸，选择一条改变、进取和奋斗的道路，在这个追求的过程中，你也一样会感到快乐。所谓的成功，即是按照自己想要的生活方式生活。最糟糕的状态，莫过于当你想要选择一条不甘平庸、改变、进取和奋斗的道路时，却以一种安于现状的方式生活，最后抱怨自己没有得到想要的人生。

——李玉婷 2018.3.15

每日一句

子在川上曰：逝者如斯夫！不舍昼夜。消逝的时光就像这流水一样啊！日日夜夜不停流去。

辅导员：郭凤臣　日期：2018.3.16

学生感悟

当我写下这句话的几秒，你也在使用你的这几秒阅读。逝者如斯，要让其对你自己有所增益。

——杜海龙 2018.3.16

创新，择高处立，创新要站在潮头。比人快一步，优化一步，哪怕半步就是创新！

辅导员：郭凤臣　日期：2018.3.17

学生感悟

慢了一步，有时候就是一无所有，何况慢了好几步。但这就是世界，不会以我的意志转移，只能选择接受，重新去做能做的项目。

有思维，有概念，有动力，但是不能转换价值，这在当今世界就是个笑话。我不会放弃机会。

——刘小兵 2018.3.17

每日一句

思路决定出处，气度决定高度。

辅导员：郭凤臣　日期：2018.3.18

学生感悟

决定好自己的方向。

——李祎 2018.3.18

每日一句

读一些无用的书，做一些无用的事，花一些无用的时间，都是为了在一切已知之外，保留一个超越自己的机会。无用之用，方为大用。

辅导员：郭凤臣　日期：2018.3.19

学生感悟

对于读书，每个人都有自己不同的见解与体会。我个人就比较喜欢读一些短小精悍的作品，如《读者》中的文章。现在生活节奏加快，我们需要学习的东西更多，总感觉时间太少。郭老师的每日一语也有助于我们每日"三省吾身"。

俗话说："活到老，做到老。"学习就像呼吸一样，是不能停的。越是快节奏的生活，越要学会让自己慢下来。慢慢地去旅行，慢慢地看一本书，慢慢地去散散步。在慢慢的学习中我也找到了自己的学习方法——听书。

每天清晨出早操，晚上睡前，每天的零散时间通过十几分钟的时间一周听一本书，绝对不是问题。大学就是挥洒青春的时刻，就要在最美的时间做最美的自己。

——王莉婧 2018.3.19

每日一句

契诃夫曾说："人的一切都应该是干净的，无论是面孔、衣裳，还是心灵、思想。"

辅导员：郭凤臣　日期：2018.3.20

学生感悟

人，只要还活在这个世俗的世界里，就难免挣扎于卑琐与圣贤之间。不同的是，有的人在被现实反复蹂躏之后，最后只剩下了卑怯与猥琐，有的人还剩了那么些希望和光明。这是人性，也是现实。

——郭嘉伟 2018.3.20

学生感悟

做人心胸要宽大，与人处事要和谐。很多事情的对与错只是自己的单一看法。"我想说什么就说什么"，很多人的自尊就是被这种口无遮拦的话伤害了。与人交流多少要顾及一下他人的感受，不要觉得我说出来了，我痛快了就完事了，要知道你的快乐是建立在他人的痛苦之上的。

——苏比伊努尔 2018.3.20

每日一句

快乐是一种能力，幸福是一种选择，努力是一种过程。

辅导员：郭凤臣　日期：2018.3.21

学生感悟

我们每天都有很多情绪，学会控制情绪，而不是让情绪控制你，这是一种能力。

——王丽慧 2018.3.21

每日一句

在普通高校里，怎样做到与众不同？思想上不同、行动上不同、努力过程不同，为自己搭建平台上不同。

辅导员：郭凤臣　日期：2018.3.22

如切如磋，如琢如磨。完善自身的修养，既像雕琢玉器，又像雕刻石头，都是需要下功夫的。

——李祎 2018.3.22

每日一句
想要进入优质的圈子，就一定要有与之匹配的优秀。人脉不是秀一秀就有的，别当交际花，要做实力派。 　　　　　　　　　　　　　　辅导员：郭凤臣　日期：2018.3.24

学生感悟

认识新朋友的机会很多，别人介绍也好，甚至是交友软件扫一扫、摇一摇。但只是认识，不能算作人脉。尤其当你遇见一件棘手的事情，能够处理这件事的人未必有时间去和你解释怎么渡过这个难关。而你和他站在同一个起点上，即便是方向不同，那个人也会被你吸引，过来和你一起解决难题。不要觉得超越了身边的人就是一种真正的成功，那是一种矮子里选大个。你的朋友都不如你，你不开心，因为没人能帮你什么。而你的朋友都比你强，你会更难受，因为你没有什么作用。要成为别人做事都想问问你的看法，问问你要不要加入的人，而不是做一个人家在这方面短板了，才考虑来找你的人。你觉得很兴奋，加入了一个新的优质的圈子，可是人家未必领情，只觉得你是个鸡肋，食之无味，弃之可惜。这个墙实在没东西堵了，才把你拉出来挡挡风。一旦有更好的选择，就会有人来取代你的位置。

——吴嘉欣 2018.3.24

每日一句
二十不勤，三十不立，四十不富，五十而衰靠子助。父母给的叫背景，自己打的叫江山！ 　　　　　　　　　　　　　　辅导员：郭凤臣　日期：2018.3.25

学生感悟

现在这个年纪，就该对自己的以后有所规划，不该整天混日子地过着，坚持把自己想做的做好。

——王彪 2018.3.25

每日一句

努力的意义：不要当父母需要你时，除了泪水，一无所有的人。不要当孩子需要你时，除了惭愧一无所有的人。不要当自己回首过去，除了蹉跎，一无所有。这就是奋斗的理由。致每一个不甘平凡的你。

辅导员：郭凤臣　日期：2018.3.26

学生感悟

我们十岁和我们二十岁的时候，父母的外貌差距是很大的，小的时候，父母需要教我们很多东西，长大了，当我们需要教父母用一些东西的时候，就觉得以前什么都懂、什么都会的父母也慢慢老了，更需要我多打几个电话，多发几条微信，多回几次家。看着他们在厨房里忙忙碌碌，有一种不一样的感觉，多关心关心父母，别给以后留遗憾。

——王宁 2018.3.26

每日一句

吾十有五而志于学，三十而立，四十而不惑，五十而知天命，六十而耳顺，七十而从心所欲，不逾矩。孔子说："我十五岁立志于学习，三十岁有所建树，四十岁遇事不困惑，五十岁懂得了自然规律，六十岁能听得进不同的意见，七十岁随心所欲，想怎么做就怎么做，也不会超出规矩。"

辅导员：郭凤臣　日期：2018.3.27

学生感悟

年龄决定很多事情。

——钟桂东 2018.3.27

每日一句

想，都是问题；做，才是答案。

辅导员：郭凤臣　日期：2018.3.28

学生感悟

其实大学也是一个小社会，在这个环境中，我们会遇到各种各样的人，处理各种各样的事情。在这个过程中，我们要不忘初心，坚持自己心中的那份信念。要努力成为一个有用的人，做一个有品位的人，做一个脱离低级趣味的人，做一个有尊严、有思想的人，做一个不但能够主宰自己命运，而且能够帮助别人改变命运的人。

——徐晨 2018.3.28

学生感悟

一个人要想有进步，必须权衡"想"与"做"，一味地低头去做一件事情，却不停下来思考，很容易和理想有偏差；而一味地思考，不去付诸行动，这叫骗自己。行动起来才能改变自己。俗话说得好，一口吃不成一个胖子，万事万物都要一点一点积累起来。知行合一，循序渐进，做到"想"与"做"并存。

——赵亚楠 2018.3.28

学生感悟

一百个人心里有一百个哈姆雷特，人人都有自己的想法与见解。但是付诸行动的却寥寥无几。前人曾说过实践出真知，没有做过就没有发言权，只有做了才有理由去反驳其他人的想法。只有做了才可能成功！

——闵超 2018.3.28

每日一句

泰戈尔曾说过："你今天受的苦、吃的亏、担的责、扛的罪、忍的痛，到最后都会变成光，照亮你的路。"

辅导员：郭凤臣　　日期：2018.3.29

学生感悟

没有人的生活是一帆风顺的，总会有坎坷，有挫折。举我自己的例子就是，从 2 月份开始一直到 4 月份，我的生活可以说是过得不那么顺利，我有叹气，但是没有抱怨，因为我相信总会有拨开云雾的那天，阳光明媚的日子一定会来。所以我没有抱怨生活带给我的压力，我只是笑一笑，努力着，乐观等待着即将到来的"幸福日子"。我四级差了 25 分，很可惜但又是过去式，所以我每天都坚持去图书馆，不管哪方面的事让我不顺心了，我都坚持做每天该做的事情——背单词。虽然有时抱着厌烦的心情，这一天过得很不好，我还要顶着这样不愉快的心情学习，心情更加糟糕，但这是任务，也是我将来会得到收获的一颗种子。所以无论风雨，我都要坚持。

现在 5 月份了，我觉得快乐接踵而至。现在的我很忙碌，需要上党课，需要准备普通话考试，需要参加四级口语考试，需要带领大家跳运动会的舞蹈，还需要准备 6 月份的四级考试。我还是在每天温习单词，接下来就是期末考试，就是教师资格证考试，就是考研，等等。

我觉得日子很充实，很有意义，没有时间和缝隙留给我去思考那些不愉快的事情。所以当我看到郭老师发的这一句话的时候，我深有感悟，觉得这句话就是给我写的，完全符合我的内心。希望前段时间的坎坷都能成为照亮我将来道路的明灯。也希望大家要相信：有水逆、有不顺时，可怕的不是水逆，而是你被水逆打败。万事都有两面性，人不可能会一直都处在低谷，所以一定要抬起头，勇敢去战胜那些想要击垮我们的恶势力。现在的我很好。也感谢曾经那些不好的经历，杀不死我的只会让我更强大。

——王彤彤 2018.3.29

学生感悟

我们常常犯这样的错误，就是把自己拥有的看得太轻，把得不到的看得太重。可是，要知道，万事来去总有因，万物得失常在缘。因此，学会随缘，珍惜当下所拥有的事物，享受此刻所拥有的生活，才是最好的活法。何必在无明造作中精神自虐呢？要知道，你所拥有的，就是最好的东西，此时此刻，便是最美的时刻。

——周瑾 2018.3.29

每日一句
把工作当作一种乐趣时，生活是一种享受；把工作当作一种义务时，生活则是一种苦役。 辅导员：郭凤臣　日期：2018.3.30

学生感悟

做自己喜欢的，干自己想干的，生活才会有意义，所以做自己喜欢的工作并不是一种负担，而是一种乐趣。工作并不是一种苦役，如果只是为了工作而工作，那你的生活还有什么意义呢？

——邻琳 2018.3.30

2018 年 4 月
——责任与担当

责任与担当是中华民族的优良传统，大禹治水"三过家门而不入"，这是对亿万苍生的责任与担当；诸葛亮"鞠躬尽瘁，死而后已"，是对整个蜀国的责任与担当；林则徐"苟利家国生死以，岂因祸福避趋之"，是对华夏民族的责任与担当。一个人只有具备了勇于负责、勇于担当的精神之后，才会产生改变一切的力量。人可以不伟大，也可以不富有，但我的孩子们不可以没有责任感。任何时候，我们都不能放弃肩上的责任，扛着它，就是扛着自己生命的信念。

责任是一种使命，是一种品质，是对自己所负使命的忠诚和守信。一个缺乏责任感的人，或者一个不负责任的人，不仅会失去社会的基本认可，失去别人的信任与尊重，而且在以后工作中往往一事无成。

坚守一份责任，就是坚守着生命的追求与信念，就是享受着工作的乐趣和生活的幸福。责任产生使命，责任创造卓越。

当负责成为一种自然而然的习惯时，它将成为你人生中一笔意想不到的财富。敢于承担责任的人将被赋予更大的责任和使命，因为，只有这样的人才真正值得信任，才能真正担当起时代赋予他的责任。

在当今社会中，每个人一生可以碰到很多次承担责任的机会，如果你是一个有良好的担当态度、有敢于担当的信心和勇气、具有出色担当能力的人，那么就不会错失良机，就能不断进步、提高，从而更好地为自己的未来负责。

每日一句

爱你所爱，行你所行，听从你心，无问西东。不轻言放弃，坚信前进就有希望，生命不息，信念不止。

辅导员：郭凤臣　日期：2018.4.1

学生感悟

人这一生可以说时间太短，也可以说时间很长，要记得做自己喜欢的事，敢想就要敢干，听从自己内心最真实的想法，不要犹豫，不要害怕。

——李祎 2018.4.1

学生感悟

既然选择了远方，就要风雨兼程。

——夏孟金 2018.4.1

学生感悟

生命的过程总有波折与遗憾，重要的是，你在这些波折中的选择，没有对与错，唯有你是否愿意担当与妥协。时代向来缺的不是完美的人，而是真诚、正义、无畏与具有同理心的人。

——孙阳 2018.4.1

学生感悟

想清楚自己真正想要的是什么，跟着自己的心走。生命如此短暂，别把自己的青春浪费在自己也不知道是在做什么的事情上。别让未来的自己追悔莫及。

——沈岚泽 2018.4.1

学生感悟

初心有所坚守，未来无所畏惧。走得再远，都不要忘了当初为什么出发。

——钟桂东 2018.4.1

学生感悟

记得自己想要什么，不后悔自己做过什么，用淋漓尽致祭奠青春。青春不灭，理想不死，不羁前行，无畏无惧，不忘初心。

——谷慧敏 2018.4.1

学生感悟

做一件事情，不管有多难，不管有没有结果，都不重要，即使失败了也无可厚非，关键是你有没有勇气解脱束缚，有没有胆量勇敢地面对。很多时候，我们不缺方法，缺的是一往无前的决心和魄力。不要在事情开始的时候畏首畏尾，不要在事情进行的时候瞻前顾后，唯有如此，一切才皆有可能。

——林娜 2018.4.1

学生感悟

人生是短暂的，不同的人生态度决定了我们将拥有怎样的人生。我很欣赏那些能在逆境中依然乐观，并坚持走好人生每一步的人；他们用尽各种办法来改变现状，从而达到一种更好的状态。人生不要轻言放弃，因为你永远不知道下一刻将会发生什么。

——徐维婉 2018.4.1

每日一句
花开花落，春去秋来；洒进窗台的阳光，吹进发间的晚风；那些生活中蕴藏着的小小美好，是生命中最动人的细节和回忆。 <div style="text-align:right">辅导员：郭凤臣　日期：2018.4.2</div>

学生感悟

当毕业后的我们转身，看见的是曾经的我们，那些哭过、笑过的日子，是人生中最珍贵的回忆。

——杨秀宇 2018.4.2

每日一句
每天都有高质量的睡眠，才有精力面对张牙舞爪的世界。 <div style="text-align:right">辅导员：郭凤臣　日期：2018.4.3</div>

学生感悟

身体是革命的资本。让我们养精蓄锐，来面对这个张牙舞爪的世界。

——夏孟金 2018.4.3

学生感悟

人们经常抱怨天气不好，实际上并不是天气不好。只要自己有乐观自信的心情，天天都是好天气。

——谢江全 2018.4.3

学生感悟

一个年轻人抱怨怀才不遇，老人听后说："如果你只是沙滩中的一粒沙，那你不能苛求别人注意你、认可你，除非你先让自己变成一颗珍珠。"

——王文盛 2018.4.3

学生感悟

燃烧人生并不是一味地透支，因为再强壮的身体也有疲劳的时候，劳逸结合是一种生存的策略。身体是生存的本钱，休息是狂奔的前奏。

——杨寅奇 2018.4.3

每日一句
无聊时能有朋友陪你逛街八卦。不是在最好的时光里有你们在，而是有你们在才有了最好的时光。 　　　　　　　　　　　　　　　辅导员：郭凤臣　　日期：2018.4.4

学生感悟

　　朋友是一个含义很广泛的词。我们一起吃饭，一起逛街，一起上课，一起努力做自己喜欢的事情，正是因为我们是朋友，生活仿佛充满了意义，于是珍惜朋友就变得更有意义！

——李娜 2018.4.4

学生感悟

　　好朋友可以畅谈心中的感觉，彼此关心，彼此照顾，时而哈哈大笑，时而争得面红耳赤，却不会放在心上。在成长的岁月中，曾经陪你笑、陪你愁的朋友，是一辈子都不会忘记的。愿彼此都能珍惜这份友谊，做永远的朋友。

——罗丽秋 2018.4.4

学生感悟

　　情意这东西，一见如故容易，难得的是来日方长的陪伴。

——李道印 2018.4.4

学生感悟

　　生命中有一些人与我们擦肩了，却来不及遇见；遇见了，却来不及相识；相识了，却来不及熟悉；熟悉了，却还是要说再见。对自己好点，因为一辈子不长；对身边的人好点，因为下辈子不一定能遇见。

——林娜 2018.4.4

每日一句
百善孝为先。大家要记住在日常生活中孝顺父母。 　　　　　　　　　　　　　　　辅导员：郭凤臣　　日期：2018.4.5

学生感悟

　　一次生前的孝敬，胜过身后百次扫墓；清明烧万堆纸钱，不如在世端一碗饭。切记：百善孝为先。

——李祎 2018.4.5

学生感悟

百善孝为先。

——王伊健 2018.4.5

学生感悟

孝心是什么？孝心就如童心未泯的孩子嘴下留出给父母的半粒糖，亲切而又纯真。孝心是什么？孝心就如一杯回报父母的美酒，温馨而又甜美。孝心是什么？孝心就如心灵盛开的鲜花，它比大自然盛开的更为持久永恒，永远散发着清香。孝心是稍纵即逝的眷念，孝心是无法重现的幸福，孝心是一失足便成千古恨的往事，孝心是生命与生命交接的链条，一旦断链，永无连接。天地之性，人为贵；人之行，莫大于孝，孝莫大于严父。

——陈雪鹏 2018.4.5

学生感悟

羊有跪乳之恩，鸦有反哺之义。动物理解孝的真谛。从刚刚出生时的嗷嗷待哺，在祖母臂弯中蹒跚学步，在母亲怀抱里牙牙学语，在父亲目光下读书、写字，直到我们成长为现在的少年，其中包含了多少亲人的爱，古人云：百善孝为先。没错，如果一个人连父母都不爱，还有什么爱可言呢？《弟子规》中说道：丧三年，常悲咽。居处变，酒肉绝。《三字经》中也提道：亲友疾，药先尝。昼夜待，不离床。王祥在冰冻三尺的湖面上，做出卧冰求鲤的壮举，只为治他母亲的病，最终感动上苍，冰破鱼出，使人为之动容。古人尚且可以，而我们呢？我们能否为父母做一顿早餐呢？我们能否为父母捶一下疲劳的臂膀呢？当我们看到父母那双粗糙的手、那双鬓泛起的银丝，以及额角的皱纹，你又能想到什么呢？

——孙娇 2018.4.5

学生感悟

和父母在一起的日子是最珍贵的。那是陪着你长大的人，是教会你走路说话的人，他们对你的付出往往要比你对他们的付出多得多。

——杨秀宇 2018.4.5

学生感悟

我喜欢深存感恩之心又独自远行的人。知道谢父母，却不盲从；知道谢天地，却不自恋；知道谢朋友，却不依赖；知道谢每一粒种子、每一缕清风，也知道要早起播种和御风而行。

——司家艺 2018.4.5

每日一句

　　仕途，商界，学术。大致说来，每个人都注定要走上三条道路中的某一条。在进行职业生涯规划的时候，不妨以此作为思考的出发点。根据不同的职业生涯规划来塑造各自的核心竞争力。只有知道自己以后要做什么，才能知道自己应该学什么。

辅导员：郭凤臣　日期：2018.4.7

学生感悟

想好以后的路。

——王畅 2018.4.7

每日一句

　　专业无冷热，学校无高低。没有哪个用人单位会认为你代表了你的学校或者你的专业。千万不要因为你读的是名牌大学或者热门专业而沾沾自喜，也大可不必因为你的学校不好或者专业冷门而自卑。

辅导员：郭凤臣　日期：2018.4.8

学生感悟

每个人的出发点都一样，努力比什么都强。

——李祎 2018.4.8

每日一句

　　不逃课的学生不是好学生。什么课都不逃，跟什么课都逃没什么两样。一定要掌握学习的主动性，不要像读中学一样被老师牵着鼻子走。逃课没有错，但是不要逃错课。同时，既要逃课，又要让老师给高分。

辅导员：郭凤臣　日期：2018.4.9

学生感悟

逃课要选择，学习需主动。

——吴迪 2018.4.9

一定要学会理财。对于贫困生来说，首先要做的不是挣钱，而是省钱。很多大学生读书的时候一掷千金，可是毕业以后一个月的工资还不够交半个月的房租。

辅导员：郭凤臣　日期：2018.4.10

学生感悟

理财就是理生活。一旦拥有理财意识，说明一个人开始对自己的人生有所掌控，想要过不一样的生活。这个时候，对自身的要求会提高，也舍得花钱投资自己。因为，从人生理财的角度来看，自己才是最大的本金，投资自己是最重要的投资。

——司家艺 2018.4.10

掌握必要的计算机操作能力。大部分女生将电脑当成了影碟机，大部分男生将电脑当成了游戏机。大学生要掌握必要的计算机操作能力，但是，很多时候电脑会成为浪费时间的堂而皇之的借口。有电脑的大学生非常多，可是，这中间很多人可能大学毕业的时候还不会 Excel，不会做一个像样的 PPT。

辅导员：郭凤臣　日期：2018.4.11

学生感悟

掌握多种技能，只有好处，没有坏处。

——谢欣 2018.4.11

真正的教育，就是拼爹、拼妈。一个优秀的孩子，绝不可能横空出世，其背后必然有着父母付出的无数时间和心血。

辅导员：郭凤臣　日期：2018.4.12

学生感悟

一个的竞争者应该经得起风雨，应该具有抗挫折的能力。在竞争中流泪是弱者，只有在困境中奋起，才能成为强者。

——谢江全 2018.4.12

学生感悟

每一个孩子的背后都有强大的力量支撑，他们伴随着我们成长，陪我们经历喜怒哀乐，经历黑暗与光明。他们无私奉献，付出所有来换我们周全。他们就是我们的父母，我们不论多优秀，都得记得我们的一切都是父母给的。

——张娇娇 2018.4.12

学生感悟

优秀的孩子都是有迹可循的因果。它的因，在家庭；它的根，在父母。教育背后的关键不只是钱，高富帅、白富美赢的也不只是钱，而是耳濡目染之下的视野与格局。

——罗丽秋 2018.4.12

每日一句

互联网固然威力无穷，有很多益处，如可以在大学生励志网这样的网络平台上和百万的同学互动交流。但是，如果你沉迷于网络，或者沉迷于网络游戏，浪费的金钱倒是可以弥补，荒废的青春就无可追寻了。

辅导员：郭凤臣　日期：2018.4.13

学生感悟

正确认识网络这把"双刃剑"，取其精华去其糟粕。合理安排上网时间，正确对待网络娱乐资源，劳逸结合。适度娱乐能缓解生活中的压力，而过度沉溺于网络游戏，不仅会浪费时间，而且会影响正常的工作与学习。只有正确对待网络娱乐资源才能真正地从网络上获取轻松，因网络而受益。网络已成为新时代每个人都不可离开的伙伴，但我们只有保持戒备心，提高自制力和判断力，才能把网络的作用发挥到最大，使网络成为我们最得力的助手。

——原婷 2018.4.13

每日一句

大学期间一定要多去图书馆、多去自习室，多读书，读长篇作品。很多书你现在不读，一辈子就再也没有机会去读了。虽然不是每本书看了都一定有用，但是，因为你不知道究竟哪本书以后会有用，所以只好多看书，并且抛弃那些过于功利的想法。尽管每次网到鱼的不过是一个网眼，但要想捕到鱼，就必须要编织一张网。

辅导员：郭凤臣　日期：2018.4.14

学生感悟

马克思曾说过，生活就像海洋，只有意志坚强的人，才能到达彼岸。然而，并不是所有的人都能理解它背后的深刻含义。所有值得追求的事情都需要非常一致的工作。当我们实现它时，我们将得到无法分享的巨大快乐。毫不夸张地说，坚持不懈在我们的个人生活中起着至关重要的作用，甚至对社会的发展也非常重要。坚持是我们实现个人梦想的唯一途径。更重要的是，只要每个人坚持自己的目标，永不放弃，社会就会取得巨大的进步。生活充满挑战，我们别无选择。如果我们坚持不懈地做事，我们就会逐渐看到奇迹的出现。

——张娇娇 2018.4.14

学生感悟

大一的期末，从来没去过学校图书馆的我抱着好奇心踏入其中。那一刻，我才知道，比我优秀的人还在努力认真地读书，而我却在一个公办大学，每天吃吃喝喝，游手好闲！花着爸妈给的钱，无所事事！沉浸在书的海洋里，才知道自己是那么的渺小！那么的卑微！我从此对学无止境有了一层新的理解！我慢慢地发现读书还可以增强我的自信心。所谓的穷富，并不是在物质上，更多的是在精神、文化上！

——芦越 2018.4.14

学生感悟

每当和那些有文化的人在一起聊天，就会感觉到自己知道的太少啦！之后会告诉自己一定要多读书。高中时候忙着高考，读的书真是太少啦。读书不仅可以增长我们的见识，更重要的是可以提高我们的修养，可见读书的重要性。

——李娜 2018.4.14

每日一句

　　爱情是不期而至的，可以期待，但不可以制造。花开堪折直须折，莫待无花空折枝。一个有一万块钱的人为你花掉一百元，你只占了他的百分之一；而一个只有十块钱的人为你花掉十块，你就成了他的全部。

辅导员：郭凤臣　　日期：2018.4.15

学生感悟

不要被爱情冲昏头脑。

——李祎 2018.4.15

每日一句

　　瘦死的骆驼比马大。撑死胆大的，饿死胆小的。一定要有创业的勇气和魄力。如果你一直满足于给别人打工，那么，不管你工资多高，永远都只能是一个可怜的穷光蛋。就算月薪2万元，在深圳、上海那种地方，一年的存款还买不来一个小小的洗手间。

辅导员：郭凤臣　　日期：2018.4.16

学生感悟

人人都希望在平凡的人生里捕获惊喜和壮丽，为此，人们一而再、再而三地做着多项选择，且马不停蹄。可许多人臆想中的惊天动地，大都不过是烟花一样仓促收场的自我感动而已，想得到一份传奇，没那么容易。

——李道印 2018.4.16

每日一句

有人大清早就去了自习室，直到熄灯才回来；有人整天宅在宿舍里玩游戏，熬到半夜中午才起；有人在学生会社团工作很出色，为人行事各种通达；有人收获了爱情，每天从早到晚，眼里只有一个人；有人热爱运动，运动场上永远少不了他的身影；有人找兼职赚钱，为此逃了不少课；有人喜欢旅行，哪怕没钱，也风雨无阻；有人做科研项目，白天黑夜，完全忘我；有人随波逐流，永远跟着大军，上课下课，吃饭睡觉，周末休息再上课；有人追求着错误的东西义无反顾，但却觉得人的一生应该追求一次自己想要的东西，哪怕是错的。有人笑，有人哭，有人沉默，有人兴奋，有人忧伤，有人幸福……这就是大学，每一种的收获可想而知，不言而喻。

辅导员：郭凤臣　日期：2018.4.17

学生感悟

追求自己的梦想，不忘自己。

——钟桂东 2018.4.17

每日一句

没有可以拼的爹，没有聪颖的天资，如果你也和我一样，是茫茫人海中平凡的一员，在漫漫浮生中寻找希望和方向，那就请你珍惜在这里的时光吧！珍惜这里的人们，珍惜在这里受过的伤，珍惜在这里的梦想！在这里，你没资格说不，因为这里是大学，而你，什么也不是！加油吧，每一位平凡的同学。

辅导员：郭凤臣　日期：2018.4.18

学生感悟

努力是什么？不就是朝着自己的目标去奋斗，去拼搏吗？但在努力拼搏的过程中，遇到的挫折、困难都是难免的。可人们往往被其打败。俗话说："困难像弹簧，你强它就弱，你弱他就强。"是的，不能傻傻地站在那儿被它征服，要振作起来，和它战斗，和它搏击。相信吧，功夫不负有心人，总有一天会成功，你将看到辉煌的明天。累的时候，可以在心里说一句"我好累"，但永远不能说"我不行"。如今的我要拼，要赢！我要做笑到最后的赢家！即使不能笑到最后，但拼搏的途中我没有放弃，我仍然在努力向自己的目标奔去，我也问心无愧了。

——陈雪鹏 2018.4.18

每日一句

那些颜值比你高，学历比你牛，背景比你深，经验比你多的人都习惯早起，你还有什么资格日夜颠倒，放纵自己！与其抱怨颜值不够高，学历不够牛，背景不够深厚，经验不够多，不如从早晨开始，改变自己，提升自己的核心竞争力。

辅导员：郭凤臣　日期：2018.4.19

学生感悟

每个人身上都有优点，或多或少，或深或浅，但都会在不经意间流露出来。如果你以闪光点为出发点，不断去深挖，那么所得宝藏也许连你自己都会感到惊讶！改变自己，从点滴做起！

——刘海停 2018.4.19

每日一句

在这所大学里，每个人做着自己的事情，没有对与错。谁都没有真正意义上是非曲直的标尺，谁都有为自己伸张正义的自由和理由，谁都有自己的人生准则和方向；谁都可以犯错，据说这里摔得不会很疼；谁都会得到别人的尊重，身份地位完全平等，因为你们都是学生；谁都可以说自己是对的，因为以前定义对错的你的老师和家长在你上大学以后已经不怎么管你了；谁都可以随时堕落和振作，你有大把的时间做这些事情；一切的一切，只是因为这是大学！请珍惜当下。

辅导员：郭凤臣　日期：2018.4.20

学生感悟

珍惜你最自由的时光。

——李兰兰 2018.4.20

每日一句

世界还是那个世界，而中国不再是那个中国。感恩先辈的奋斗，感恩国家的护佑，感恩每个为国家而努力的人。

辅导员：郭凤臣　日期：2018.4.21

每日一句

做一个有理想、有抱负、有人格的当代中国大学生，不要做一个碌碌无为、没有目标、没有力量的大学生。

辅导员：郭凤臣　　日期：2018.4.22

学生感悟

谈到理想，服装院的院长张悦老师在一次讲谈中的一句话使我记忆犹新。什么理想？理想就是，你可以放下一切琐事，奋不顾身要去做的那件事！我又反问我的理想又是什么呢？我的理想就是开一个自己的工作室、服装店，每天拍一些新颖的搭配与服饰！人活着都要有一个目标，我的目标可能是，努力学习专业，去挣钱，之后可以无忧无愁地生活，而或许爸妈只希望我幸福！

——芦越 2018.4.22

学生感悟

每个人都有属于自己的理想。坚定自己的理想，即使那很遥远也要确定下来，你决定走这样的路了，那么再朝着这个方向去努力，当然确实是应该踏踏实实地干。一步登天是没可能，你做了，你努力了，努力去实现自己的理想，那么即使结果不尽如人意，你也可以认为自己是一个有理想、有抱负的人。从小事做起。

——原婷 2018.4.22

学生感悟

副驾驶虽然舒适，风景好，但想去目的地，还要自己把方向盘握好！

——芦越 2018.4.22

每日一句

学生，一个陪伴了我们 16 年的名词，想要卸下它，并不是那么容易的。一个陪伴我们十几年的书包，想要脱下它，却发现依依不舍。请大家珍惜当下的学生时代。

辅导员：郭凤臣　　日期：2018.4.23

学生感悟

珍惜这个时代，别留遗憾。

——李祎 2018.4.23

三样东西有助于缓解生命的辛劳：希望、睡眠和微笑。

辅导员：郭凤臣　日期：2018.4.24

学生感悟

微笑是人类最美妙的表情，学会"笑"，笑出人生态度！睡眠是人类最神奇的灵药，有了"它"，人不再疲劳！用希望之火，为生命助燃！

——古皓铨 2018.4.24

喜不喜欢，合不合适，能不能在一起，真的是三件事情。

辅导员：郭凤臣　日期：2018.4.24

学生感悟

合适比喜欢更重要。

——李祎 2018.4.24

当别人认真地跟你说话的时候，插嘴是最令人感到尴尬的。或许你有想法，很积极，但是打断别人讲话这种做法一点也不礼貌。

辅导员：郭凤臣　日期：2018.4.25

学生感悟

多年之后，你所怀念的有可能真的是一些小事情，那些小事情留给你的感动，要比那些轰轰烈烈的大事持久得多。所以，不要去天天刻意让一些大事情发生，身边发生的小事也充满了可以回味的东西。

——谢玥 2018.4.25

大学必做的事：读书。带着思考读书，带着思考读很多书。

辅导员：郭凤臣　日期：2018.4.26

学生感悟

书籍是人类进步的阶梯。其实，读书就是将人类浓缩几千年的科技、文化快速习得的最佳方式。读书能够让你在极短的时间内，掌握大量的科学文化知识，摆脱愚昧和迷信，你不再是一个空白的人，而是通过读书丰富了自己的知识色彩。所以，我们一定要多读书，读好书！

——原婷 2018.4.26

学生感悟

屈原说："路漫漫其修远兮，吾将上下而求索。"在人类的历史上，那些勇担责任的精英，都是求知的巨人。伟大的教育家孔子，在周游列国时，车上载满了竹简经卷。伟大的政治家曹操，戎马一生，经常在马背上阅读《孙子兵法》。孔子说："不学诗，无以言；不学礼，无以立。"一个无知的人，不可能拥有承担责任的能力，也无法在社会上立足，更不可能取得事业的成功。求知，是责任的道路。

——王亚芳 2018.4.26

学生感悟

书里有最伟大的思想和站在最高处的伟人，通过跟他们进行思想的交流，你的疑惑会一一解开，你对生活的态度会慢慢趋于平和，你会更加热爱这个世界。

——杨寅奇 2018.4.26

每日一句
中学学得好不好，高考说了算；大学学得好不好，用人单位说了算。 辅导员：郭凤臣　日期：2018.4.27

学生感悟

每一步路其实都是有它的规划的。人生没有太多侥幸，没有太多的奇迹，我们要努力，要相信没有奇迹，只有累积。

——李祎 2018.4.27

每日一句
一个人不管如何努力，永远也赶不上时代的步伐，更何况在知识爆炸的时代。只有组织起数十人、数百人、数千人一同奋斗，你站在这上面，才摸得到时代的脚。 辅导员：郭凤臣　日期：2018.4.28

学生感悟

现实会告诉你，不努力就会被生活给踩死。无须找什么借口，一无所有，就是拼的理由。你过得太闲，才有时间执着在无意义的事情上，才有时间无病呻吟所谓痛苦。你看那些忙碌的人，他们的时间都花在了努力上。别因为太过在意别人的看法，而使自己活得缩手缩脚。无论你做得多好，都会有人对你指手画脚。最能让人感到快乐的事，莫过于经过一番努力后，所有东西正慢慢变成你想要的样子！不敢休息，因为没有存款；不敢说累，因为没有成就；不敢偷懒，因为还要生活。一无所有就是我坚强、拼搏的唯一理由。

——孙娇 2018.4.28

每日一句
如果你在大学学的全部知识与才华都能通过谷歌或者百度轻而易举搜索出来，在人人都会上网的年代，你的价值等于零。 　　　　　　　　　　　　　　　　　　辅导员：郭凤臣　日期：2018.4.28

学生感悟

行有不得，反求诸己。什么事情做不好的话，那就换个方式去想，换个方位的话就会发现别人怎么想的，了解别人的感受，就应该知道自己到底该怎么做了。

——孙丽媛 2018.4.28

每日一句
给大家推荐几本书：《鲁迅全集》《哈佛凌晨四点半》《大学生的坟》《生命中不能承受之轻》《追风筝的人》《活着》《涂自强的个人悲伤》（个人力荐）《解忧杂货店》《明朝那些事》《毕业了我们一无所有》。 　　　　　　　　　　　　　　　　　　辅导员：郭凤臣　日期：2018.4.29

每日一句
给大家推荐几部电影：《风雨哈佛路》《幸福终点站》《肖申克的救赎》《从你的全世界路过》《忠犬八公》《归来》《妖猫传》《无问西东》《芳华》《海上钢琴师》。 　　　　　　　　　　　　　　　　　　辅导员：郭凤臣　日期：2018.4.30

2018 年 5 月
——尊重

懂得尊重，是做人最起码的一种道德要求。做到了尊重别人，则是一种境界、一种美德。这是人生必不可少的基本素质，是对他人人格与价值的充分肯定，同时，亦是赢得他人对自己尊重的基础。尊人与尊己，这是一种辩证的关系。要想得到别人的尊重，首先要懂得和学会尊重别人。人与人之间的互相尊重，可以让人开心，使人奋进，助人成功。尊重，是一种理解与宽容。与人相交，求同存异，要学会换位思考。千人千面，我们不能够要求所有的人都按照同样的方式活着。与人交往，你可以有所选择，却不要想着去改变一个人。豁达大度，是人际交往中的积极因素。

尊重，时时存在，处处需要。尊重，是自重，是言而有信，是友情中的信义，是爱情中的真诚。当别人信任了你的人格、你的人品，你们也就会拥有一些共同的秘密。若你没有为之守口如瓶，甚或将这样的秘密转化成伤害他人的武器，那么，你的真实为人、你的本来面目，便由此可见一斑。无须任何指责的语言，你就应当感到无地自容才是。因为，这已经不仅是一个诚信的问题了，它与你的人格、道德观念直接相关。尊重别人就是尊重自己！

每日一句

　　班会总点你名，不是你不优秀，而是帮助你更优秀；严管你，不是辅导员要求高，而是这个社会要求越来越高；批评你，不是你的错不可原谅，是提醒你和大家都要注意；公开说你，不是不给你面子，阳光透明是对所有人的保护。不理你，才是真的放弃你！严格是爱，唠叨也是爱！因为爱你们所以才严厉！请把上边这段话转告自己周围的人，学会感恩，从理解辅导员开始！（雷一鸣）

辅导员：郭凤臣　日期：2018.5.2

学生感悟

　　生活是自己的，你选择怎样的生活，就会成就怎样的你。与其抱怨这个世界不美好，不如用自己的努力，争取更多的美好和幸运。善良的人总是快乐，感恩的人总是富有！让我们带着感恩与善良，不忘初心，温暖前行。

——热依汉古丽 2018.5.2

每日一句

　　习近平总书记今年在北京大学师生座谈会上的讲话提到，要爱国，忠于祖国，忠于人民。爱国，是人世间最深层、最持久的情感，是一个人立德之源、立功之本。孙中山先生说，做人最大的事情，"就是要知道怎么样爱国"。我们常讲，做人要有气节，要有人格。气节也好，人格也好，爱国是第一位的。我们是中华儿女，要了解中华民族历史，秉承中华文化基因，有民族自豪感和文化自信心。要时时想到国家，处处想到人民，做到"利于国者爱之，害于国者恶之"。爱国，不能停留在口号上，而是要把自己的理想同祖国的前途，把自己的人生同民族的命运紧密联系在一起，扎根人民，奉献国家。

辅导员：郭凤臣　日期：2018.5.3

学生感悟

　　把自己的理想，使命和国家联系在一起。

——钟桂东 2018.5.3

每日一句

　　习近平总书记今年在北京大学师生座谈会上的讲话提到，要励志，立鸿鹄志，做奋斗者。苏轼说："古之立大事者，不惟有超世之才，亦必有坚忍不拔之志。"王守仁说："志不立，天下无可成之事。"可见，立志对一个人的一生具有多么重要的意义。广大青年要培养奋斗精神，做到理想坚定，信念执着，不怕困难，勇于开拓，顽强拼搏，永不气馁。幸福都是奋斗出来的，奋斗本身就是一种幸福。1939 年 5 月，毛泽东在延安庆贺模范青年大会上说："中国的青年运动有很好的革命传统，这个传统就是'永久奋斗'。我们共产党是继承这个传统的，现在传下来了，以后更要继续传下去。"为实现中华民族伟大复兴的中国梦而奋斗，是我们人生难得的际遇。每个青年都应该珍惜这个伟大时代，做新时代的奋斗者。

辅导员：郭凤臣　日期：2018.5.4

学生感悟

做一个奋斗者，做大学生的模范。

——刘凯 2018.5.4

每日一句

习近平总书记今年在北京大学师生座谈会上的讲话提到，要求真，求真学问，练真本领。"玉不琢，不成器；人不学，不知道。"知识是每个人成才的基石，在学习阶段一定要把基石打深、打牢。学习就必须求真学问，求真理、悟道理、明事理，不能满足于碎片化的信息、快餐化的知识。要通过学习知识，掌握事物发展规律，通晓天下道理，丰富学识，增长见识。人的潜力是无限的，只有在不断学习、不断实践中才能充分发掘出来。建设社会主义现代化强国，发展是第一要务，创新是第一动力，人才是第一资源。希望广大青年珍惜大好学习时光，求真学问，练真本领，更好为国争光、为民造福。

辅导员：郭凤臣　日期：2018.5.5

学生感悟

掌握知识，寻求真理，回报社会。

——李祎 2018.5.5

每日一句

大学，是通过掌握的知识，去探索未知的、不确定的知识。

辅导员：郭凤臣　日期：2018.5.6

学生感悟

大学也是人生中的一个重要站点，但这并不是人生的终点。

——木尼拉 2018.5.6

大学，始于怀疑，终于信仰。

辅导员：郭凤臣　日期：2018.5.7

学生感悟

一个人如果没有信用，什么事也干不好。人与人之间的交往，关键是要讲信用。古人把守信看作是做人非常重要的品行之一，讲究言必行，信必果。人在社会上如果不讲信用，便不会赢得别人的信任，肯定也没有人愿意与其交往。

——阿米娜 2018.5.7

当人们为某事花费了很多的金钱、精力、心血，付出了很大代价的时候，人们更愿意相信自己的选择是对的。

辅导员：郭凤臣　日期：2018.5.8

学生感悟

不管你有多么真诚，遇到怀疑你的人，你就是谎言。不管你有多么单纯，遇到复杂的人，你就是有心计。不管你多么专业，遇到不懂的人你就是空白。所以，关键不是你不够好，而是你没有遇对人。别太在乎别人的评价，懂你的，不用解释，不懂你的，不需要解释。做好自己。

——木尼拉 2018.5.8

学生感悟

容易走的都是下坡路，不断失败却没有失去热情，就是成功的过程。简单的事重复做，你就是专家；重复的事用心做，你就是赢家。

——买买提努尔 2018.5.8

当你同情一个人的时候，要知道这是你最放松戒备的时候，骗子常常趁机而入。

辅导员：郭凤臣　日期：2018.5.9

学生感悟

可以称兄道弟，可以相互帮助和扶持，但是说不定哪天，他就会背叛你，就会将你当成交换利益的工具。

——木尼拉 2018.5.9

每日一句

把思考和执行分成两步走，你会想得更好，做得更快。把任务归类细分可以提高效率。

辅导员：郭凤臣　日期：2018.5.10

学生感悟

做一个有计划，把事情都详细归类好的人。

——钟桂东 2018.5.10

每日一句

父母对子女的爱是无限的，子女对父母的爱是有限的；子女有病，父母揪心，父母有病，子女对父母问问、看看就知足。

辅导员：郭凤臣　日期：2018.5.11

学生感悟

常回家看看吧，对你最好的是父母。

——木尼拉 2018.5.11

每日一句

子女花父母的钱，理直气壮；父母花子女的钱，就不那么顺畅。父母家也就是子女的家，子女家可不是父母的家。

辅导员：郭凤臣　日期：2018.5.12

学生感悟

不要忘记父母对你的付出，你最爱的人，应该是他们。

——李祎 2018.5.12

每日一句

有人说，想毁掉一个人，给他一部有网络的手机就行了。它真在一点一点地掏空你的时间。

辅导员：郭凤臣　日期：2018.5.13

不要迷恋网上的东西，更不要沉浸在虚拟的世界里。

——刘凯 2018.5.13

每日一句

　　成功绝不是三天打鱼时的心血来潮，也不是两天晒网中的半途而废和信誓旦旦的空洞口号，是平日里点滴的积累，是不断的延续，是不屈中的奋进。所以，勤奋反映在的每一时刻，反映在每时每刻……

辅导员：郭凤臣　日期：2018.5.14

学生感悟

大学是需要坚持、需要努力的地方。

——哈丽达 2018.5.14

学生感悟

人就这么一辈子，你可以积极地把握它，也可以淡然地面对它。看不开时想想它，以求释然吧！精神颓废时想想它，以求振作吧！愤怒时想想它，以求平息吧！不满时想想它，以求感恩吧！因为不管怎样，你总很幸运地拥有，你总不能白来这一遭啊！

——木尼拉 2018.5.14

每日一句

　　一个人善良与否，决定了他将来是否有用；宽厚与否，决定了他将如何发挥作用；而能否不断反省、不断进步，则决定了他是否能持久向前，越来越有用！

辅导员：郭凤臣　日期：2018.5.17

学生感悟

高傲自大只能让你止步不前，但是正直和谦虚可以引领你走向成功。要么你去驾驭生命，要么让生命驾驭你。你的心态决定谁是坐骑，谁是骑师。一般人会在困境面前浑身发抖，而成大事者则能把困境变为成功的有力跳板。

——阿巴斯 2018.5.17

每日一句

反省促人进步，有反省才有悔悟，有悔悟才会有进步，才会有成才的可能。

辅导员：郭凤臣　日期：2018.5.18

学生感悟

世上唯一不能复制的是时间，唯一不能重演的是人生，唯一不劳而获的是年龄。该怎么走，过什么样的生活，全凭自己的选择和努力。人生很贵，请别浪费！与智者为伍，与善者同行。

——阿卜来提 2018.5.18

每日一句

毕业前想不清楚没关系，只要沿着一条路走下去也还能看到发展。相信经历过毕业惊魂后，曾经眼高手低的那群人可以在小公司踏踏实实地从头做起。机会一直还在，你并没有输在起点。

辅导员：郭凤臣　日期：2018.5.19

学生感悟

从头做起，抓住机会。

——李兰兰 2018.5.19

每日一句

迷恋大城市方便快捷的生活方式，享受大城市深夜不打烊的夜生活，但又被高额的房租和就业的压力所迫，只能选择了回到自己的家乡。也许有时候还会想念之前的生活，但是在家里和父母一起，每天上下班的日子才叫生活，之前在大城市的那种蜗居只能叫作生存。

辅导员：郭凤臣　日期：2018.5.20

学生感悟

学会生存，学会生活。

——钟桂东 2018.5.20

你是否还在以学校差、找不到好工作为理由？现在学校差的人都在通过企业实习补足自己的短板，让自己拥有工作经验了。你还在以工资低作为自己不努力的理由？很多人比你工资高，还比你努力，最后通过业绩跳到了更好的公司。从现在开始努力，从你的位置上开始努力，一切都不算晚。

辅导员：郭凤臣　日期：2018.5.21

学生感悟

重要的不是你从哪来，而是你能去哪里。重要的不是你毕业于什么大学，而是毕业后你能过什么样的生活。重要的不是你认识哪些大人物，而是哪些人会认识你。重要的不是你现在多优秀，而是你还能优秀多久。

——努尔艾力 2018.5.21

学生感悟

重要的不是有多少人爱你，而是你和谁在一起最快乐。

——古丽加拿提 2018.5.21

每日一句

播下一个行动，收获一种习惯；播下一种习惯，收获一种性格；播下一种性格，收获一种命运。

辅导员：郭凤臣　日期：2018.5.22

学生感悟

你努力种下了什么，就会收获什么。

——木尼拉 2018.5.22

每日一句

创业其实很简单，看好了就去做，在做的过程中不断修正自己的思想。复杂的事情简单做，简单的事情重复做，最终你一定会获得成功。创业是一场修行，也是一次历练，更是一次重生，需要不辞辛苦，需要持之以恒！

辅导员：郭凤臣　日期：2018.5.23

学生感悟

翅膀硬了，终究要飞。

——刘凯 2018.5.23

每日一句

再不努力，生命就不只是眼前的苟且，还有未来的苟且。

辅导员：郭凤臣　日期：2018.5.24

学生感悟

不要在意十年后的自己是怎样的，要在意的是十年后的自己怎么看现在的我。

——萨拉木 2018.5.24

学生感悟

多数的错失，是因为不坚持、不努力、不挽留，然后催眠自己说一切都是命运；不要小看生命中的那些小打击，也许就是它们，将你推向另一个新高度。越努力越幸运，不求与人相比，但求超越自己！

——苏比伊努尔 2018.5.24

每日一句

一个人想做一件事，可以找一万个理由；但不想做一件事，同样可以找一万个理由。

辅导员：郭凤臣　日期：2018.5.25

学生感悟

有些事，你越是在乎，痛得就越厉害。放开了，看淡了，慢慢就淡化了。我们已经很累，无须再对自己责备。奔波的人生，我们已经用力、尽心，何必还去耿耿于怀。人生本就不会事事如意，样样随心。要学会宽慰自己，懂得安慰自己。人生难料，难料人生。生活是一道菜，苦辣酸甜咸，品了，叹了；人生是一场戏，生旦净末丑，唱了，醒了。红尘过往，没有人握得住地久天长。人生之事岂能尽如我意，哭笑皆由人，悲喜自己定。其实吧，没心没肺地活着，似懂非懂地看着，糊里糊涂地过着，半睡半睁地眯着，挺好！

——巴力乔龙 2018.5.25

每日一句

你变强大的过程，也是考验你最终会不会背叛自己理想的过程。

辅导员：郭凤臣　日期：2018.5.26

学生感悟

人生是条单行线，是条只能前行无法倒退或是逆向行驶的路径。面对人生，其实我们可以做的事情很少，我们想要主宰自己的人生，唯一可以做的事情就是往前走。继续往前走，永远往前走，千万别想到向后转，因为，你的后面根本就已经无路可退。

——江亚楠 2018.5.26

每日一句
不要把时间浪费在你不擅长和与你本性相违背的东西上。 　　　　　　　　　　　　　　　　辅导员：郭凤臣　日期：2018.5.27

学生感悟

不要用假装很努力的样子欺骗生活，因为生活不会为任何人的谎言买单。想要幸福，就得奋斗。

——阿卜来提 2018.5.27

每日一句
坚持到最后的人靠的不是激情，而是恰到好处的喜欢和投入。 　　　　　　　　　　　　　　　　辅导员：郭凤臣　日期：2018.5.28

学生感悟

有理想的地方，地狱也是天堂；有希望的地方，痛苦也成欢乐。不要对挫折叹气，姑且把这一切看成是在你成大事之前，必须经受的准备。一个成功的竞争者应该经得起风雨，应该具有抗挫折的能力。在竞争中流泪是弱者，只有在困境中奋起，才能成为强者。

——阿依图尔荪 2018.5.28

学生感悟

相信自己，坚信自己的目标，去承受常人承受不了的磨难与挫折，不断去努力、去奋斗，成功最终就会是你的！

——帕丽达 2018.5.28

学生感悟

人生就像一张有去无回的单程车票，没有彩排，每一场都是现场直播。把握好每次演出，便是对人生最好的珍惜。

——阿巴斯 2018.5.28

每日一句

你其实并没有想象中那么依赖父母，但父母依赖你的程度远超过你的想象，要经常与父母联系。

辅导员：郭凤臣　日期：2018.5.29

学生感悟

忘了谁对你的恩情，也不能忘了父母对你的恩情，要多关心父母。

——王畅 2018.5.29

每日一句

当你的学业、工作、生活不顺利的时候，切记不要把爱情当成救命稻草。

辅导员：郭凤臣　日期：2018.5.30

学生感悟

控制情绪，做一个温柔的人。人都有脾气，都有任性的时候，但要学会自己排解情绪，别把气撒在别人身上。坏脾气不但解决不了问题，还会把简单的事情变复杂。你越是变得成熟、温柔，你就越能感知到这个世界的美好和善意。

——木克代斯 2018.5.30

每日一句

沉不下心看书，浮躁和焦虑，都是因为年纪渐长，不信正道而太重功利。

辅导员：郭凤臣　日期：2018.5.31

学生感悟

无论成功还是失败，都是人生的一个点。就像直线一样，是用一个个点点出来的。每个点，可以说是成功，也可是说是失败。但这个圆点，怎么画，还在于自己。人生的直线，不在于直与不直，而在于每一个点！摔倒了再站起来，再向着成功奔跑！

——麦希尔 2018.5.31